企業内弁護士の覚書

辛島　睦

三省堂書店
創英社

はしがき

　日本アイ・ビー・エム株式会社（日本IBM）のオリエンテーションを終え、私が社内弁護士として働きはじめたのは1974年10月に入ってからであるが、本書は、その後2000年3月（最後の1年は常勤顧問）までの仕事と法的環境とを回想するものである。法令遵守（コンプライアンス）という当たり前の義務を実践しようとした米国企業の日本子会社における経験が、事業目的や規模・形態の異なる事業体の法令遵守活動の参考になることがあれば幸いである。なお2000年以降の法制度・判例でコンプライアンスに大きな影響を与えているものにも言及した。

　日本IBMは、1937年6月17日、International Business Machines Corporation（IBM）が日本におけるパンチ・カード・システム（PCS）営業のため設立した子会社で、当初の社名を日本ワットソン統計会計機械株式会社といった。事業は順調に発展し、1941年には黒字化するが、同年12月8日、太平洋戦争の開始にともない、敵国資産として日本政府の管理下に置かれる。終戦から4年後の1949年8月、敵産管理が解かれ、1950年4月から営業を再開する。社名は1949年8月に日本インターナショナル・ビジネス・マシーンス株式会社に変更していたが、その後1959年2月に現社名に変更した（注1）。

　私が入社した当時、法務部門は、1973年1月に入社した高石義一弁護士（司法研修所9期）が法務スタッフ（パラリーガル）4名、秘書2名とともに、IBMが求める広汎な法律業務を遂行しようと奮闘していた。弁護士会でも社内弁護士の業務を知る人はなく、当時私は弁護士登録以来交流のあった弁護士から、「訴訟事件がないのなら、暇だろう」と言われたことがある。当時の業務量を示唆するため、1974年11月から1979年8月までの時間外労働の状況を示し（注2）、1990年代後半の法務・知的所有権部門の人員構成を記した（注3）。なお本書のタイトルでは、現在一般的な「企業内弁護士」を用いたが、文中では、使い慣れた「社内弁護士」を使用した。

　日本IBMは、敵国資産としての政府管理が解除されたのち、1950年代から1980年代はじめまで、政府の産業政策と米国の反トラスト政策による制約のもとにあった（注4）。

3

注1　日本IBM「日本アイ・ビー・エム50年史」（1988年）

　　　日本IBMの親会社は設立時からIBMであったが、直接親会社は、1949年、IBMが米国外の事業活動（ワールド・トレード）を効率的に統括するためIBMワールド・トレード・コーポレーション（WTC）を設立した後はWTCとなり、発展を続けるワールド・トレードを2つの地域に分けて統括することにした1974年からはIBMワールド・トレード・南北アメリカ／極東コーポレーション（A/FE）、そしてリストラクチャリングの1990年代に再びWTCとなった。この間、IBMが日本IBMを直接または間接に100パーセント所有する親会社であったことに変わりはなかった。

　　　IBMは1911年、機械式タイム・レコーダーのメーカーであるインターナショナル・タイム・レコーディング社、計算機能付秤メーカーのコンピューティング・スケール社、およびホレリス式統計機械メーカーのタビュレーティング・マシン社が合併して、コンピューティング・タビュレーティング・レコーディング社という商号で設立され、1914年に経営責任者として入社したトーマス・ワトソン・シニアが1924年、現社名に変更した。

注2　所定時間外労働

(時間・分)

	1974年	1975年	1976年	1977年	1978年	1979年
1月		51.30	97.50	52.30	33.50	70.10
2月		87.10	103.10	106.20	70.50	72.10
3月		97.50	72.20	87.00	80.50	34.40
4月		107.40	92.50	74.50	95.00	39.50
5月		70.00	108.10	76.50	73.50	78.20
6月		95.20	98.40	94.20	91.30	23.10
7月		74.40	67.20	43.10	82.30	50.50
8月		60.40	60.40	56.40	67.60	34.30
9月		86.30	62.10	49.40	91.50	
10月		56.30	94.50	90.20	36.00	
11月	83.50	87.30	103.00	84.30	82.50	
12月	63.30	62.30	34.30	83.10	59.10	

　　　本社の所定労働時間は週38時間、土日祝日は休日。宿泊出張日、および1974年10月までのオリエンテーション期間の労働時間は除いた。1979年は8月30日から半年間、A/FEに出向したので、9月以降は省略した。会社は、夜10時以降のタクシー帰宅またはホテル宿泊（食事代は個人負担）を認めていたので、過労死の心配はなかった。

注3　社内弁護士は、1990年代後半には5、6名に増えたが、法務・知的所有権部門全体のスタッフは、約60名で、うちアジア太平洋地域諸国の特許・商標管理を所管する知的所有権が40名（うち弁理士は14、5名）と最も多く、セキュリティに6、7名、産業渉外（ライセンシング）、輸出法管理および狭義の法務に13、4名という構成であった。

注4　なお、法令の制定日・施行日、判決日を西暦で表示した。

目　次

はしがき……3

| 第1章 | 産業政策のもとで ———————————— 9 |

1. 保護貿易主義から自由貿易へ……10
2. Eシリーズ事件——行動規範と行政指導……12
3. オンライン・システムの開発……17

| 第2章 | 競争政策への対応 ———————————— 23 |

1. 独占禁止法の受容……24
2. 反トラスト法遵守プログラム……25
3. 司法省事件……26
4. IBMの独占禁止法遵守体制……28
5. わが国企業の独占禁止法遵守体制……30
6. 電気通信事業分野における規制緩和……31

| 第3章 | 知的財産の保護 ———————————— 35 |

1. 1980年前後の米国……36
2. コンピュータ・プログラムの法的保護……36
3. 知的所有権紛争……39
4. 契約遂行過程で生まれる発明と著作……41
5. 情報社会の知的所有権……42

| 第4章 | 内部統制と法令遵守 ———————————— 45 |

1. 内部統制体制整備の義務……46
2. 法令遵守体制……46

3. 遵守すべき法令とは……47

4. 事業活動の自由……56

5. ネットワーク社会の法と倫理……63

6. 社内弁護士の依頼者……66

第5章　重要な契約の審査 ———————————— **79**

1. 重要な契約とは……80

2. コンピュータ取引契約……80

3. 責任制限条項……81

4. ソフトウェア開発契約……81

5. アウトソーシング契約……84

6. 長野オリンピック・プロジェクト……87

第6章　立法と裁判例のモニタリング ———————— **95**

1. 情報セキュリティとプライバシー……96

2. 製造物責任……103

3. 公正な競争と知的活動……107

4. 政治家・公務員との公正な関係……112

5. 役員の責任をめぐる判例……114

6. 男女別定年制をめぐる下級審判決……116

第7章　リストラクチャリングの時代 ———————— **123**

1. 事業再構築……124

2. 金融機関の不祥事と破綻……127

3. 通常の事業活動……130

4. 司法へのアクセス……132

第8章 西暦2000年問題 ── 145

1. はじめに……146
2. 問題の沿革……146
3. 訴訟頻発のおそれ……146
4. IBMの取り組み……147

別紙
①保護貿易主義から自由貿易へ（講演レジュメ）……152
②社内弁護士の覚書（判例時報827号 9 頁）……155
③コンピュータ取引と契約責任の制限
　（法とコンピュータ 3 号108頁）……162

あとがき……177

第1章

産業政策のもとで

1. 保護貿易主義から自由貿易へ

(1) 講演依頼

　私は、日中法律家交流協会の交流事業で来日した中国法律家の一行（全国人大常委法制工作委員会法律考察団）に、1986年2月21日、日本IBM藤沢工場で頭書のテーマによる講演を行った。わが国は資本と貿易の自由化によって発展したこと、中国経済の発展のためにも自由化が必要であることを話してほしいというのが、日本側幹事の依頼であった。前日には、午前に中国経済法セミナー、午後は「日本経済法の沿革と特色」と題する経済法教授による講演が行われていた。

(2) コンピュータ産業の自由化

　コンピュータ産業に限っても、1974年7月のコンピュータ技術導入の完全自由化、1975年12月の資本自由化とハードウェアの輸入自由化、1976年4月のソフトウェアの自由化、1978年4月のコンピュータ本体の輸入関税の10.5%への引き下げなど、自由化は進んでいたし、電気通信についても、1985年4月、日本電信電話公社（電電公社）が改組され、日本電信電話株式会社（NTT）がスタート、第1種と第2種電気通信事業者が認められるようになり、自由競争の時代が始まっていた（注1）。

　しかし一国の自由化政策は経済や国際収支の発展段階に関連する。自国産業に国際競争力のない時代には、19世紀の米国のように高率の保護関税を課してきたし、第二次世界大戦後、占領期が終わった1952年以降の経済の復興期、高度成長期（1955-1973年）、安定成長期（1974年－講演時）を通し（注2）、わが国政府は、「(1) 国際競争からの保護と国際競争力の醸成、(2) 産業育成とそのための資本蓄積促進、(3) 金融・税制上の優遇、(4) 産業合理化ならびに重点産業の育成、(5) 産業秩序の保持という5つの目的を達成しようとする」産業政策をとってきた（注3）。たとえば1950年5月成立の外資に関する法律（外資法）は、外資による技術援助や株式取得に関し、政府に許認可権を与えていたが、IBMの場合、真珠湾攻撃の日に日本政府により在日子会社が敵国資産として没収されたのち、1949年8月に返還されたので、100%子会社を保有することはできた。しかし外資法成立直後に認可を申請したIBMワールド・トレード・コーポレーション（WTC）と日本IBMとの間の技術援助契約については、日本IBMが100%外資会社であることを理由に認可は下りず、ようやく1960年12月20日になって、WTC

が日本のメーカー 8 社と特許ライセンス契約を結ぶこと及び日本IBMの製造開始時期を 2 年先送りすることを条件に認可が下り、コンピュータの製造が可能となったのである（注4）。

　わが国は、為替レートの安定を目指す国際金融機関IMF（国際通貨基金）には1952年（自国通貨と外貨を自由に交換できるIMF 8 条国への移行は1964年）に、自由で無差別な貿易の推進を目的とするGATT（関税及び貿易に関する一般協定）には1955年に加盟したが、「輸入自由化は産業政策的配慮から時間をかけて徐々に進められた。例えば、電子計算機や集積回路の輸入自由化は、70年代半ばになってから」（注5）であり、1964年に加盟したOECD（経済協力開発機構）の自由化コードの下で「67年以降、対内直接投資の自由化措置を進めたが、自動車、集積回路、電子計算機、情報処理業の分野では70年代になってやっと自由化した」（注6）。また、1963年 9 月の国産品使用を奨励する閣議決定は、1972年 9 月に廃止された時にも、コンピュータについては従前どおりとし、80年のガット東京ラウンドで一定金額以上の政府調達は内外無差別とする協定が結ばれるまで続き、官公庁・政府関係機関・教育市場などで国産機の優先使用が奨励されていた（注7）。機械工業振興臨時措置法（1956年、「機振法」）、電子工業振興臨時措置法（1957年、「電振法」）、情報処理振興事業協会に関する法律（1970年）、特定電子工業及び特定機械工業振興臨時措置法（1971年、「機電法」）、特定機械情報産業振興臨時措置法（1978年）などの産業保護立法にもとづく開発補助金、金融面・税制面の措置に加え、日本電子計算機株式会社（JECC）による国産機の買取、官民共同の研究開発プロジェクトといった「他の産業には見られない手厚い措置」（注8）がとられたほか、国産メーカーのコンピュータを利用するよう、通産省のユーザーに対する強力な行政指導が行われた（注9）。このような産業振興策により、通産省が当初より意図してきた外国メーカーに対抗できる国産メインフレーマーの育成という政策目標は、独自のソフトウェア技術の開発を欠いたことを除き、達成されたと評価されていた（注10）。

（3）講演の要旨

　このような産業政策の大きな流れを踏まえることなく、中国経済の即時の自由化・国際化を説くのは、中国が1978年12月に採用した改革開放路線と親和性のある話とはいえ、中国法律家の参考にならず、信頼も得られないだろうと考え、私はレジュメ（巻末の別紙）を作成、配布のうえ、わが国の伝統的な産業政策が、

国内企業に国際競争力がつくまでは外国による競争を関税や様々な非関税障壁（外貨割当、輸入数量制限など）により制約しつつ、国内企業に対しては研究開発補助金、低利貸付、租税特別措置、官民共同研究開発、政府機関による国産品優先購入などの措置により援助したこと、現在なお、政策形成過程に公聴会を欠くなどの不透明性、法律を超える行政指導、巨額の黒字をもたらした産業政策の行きすぎを積極的に是正する政策の欠如、牛肉、オレンジ、農作物、皮革製品その他若干の産業の問題など、欧米諸国の批判する課題は残るものの、貿易・資本の自由化は大きく進展したこと、中国経済の発展のためにも自由化の推進が望まれることを話したのである（注11）。

２．Ｅシリーズ事件──行動規範と行政指導

(1) 未発表製品の開示に関する行動規範

IBMは、全世界の社員に対し、開発中の製品については、IBMが発表する前に開示、論議または販売してはならないと指示していた（ビジネス・コンダクト・ガイドラインズ、「BCG」）。未発表製品に関する情報の開示は、競争者に不公正とみられるおそれや既存品の売れ行きに影響を及ぼすおそれのあること、IBMの著作権または特許権の取得・維持を危うくするおそれのあること、製品開発過程で技術上の困難が生じ製品計画が中止または延期となる可能性のあること、顧客の競争者への発注を妨害してはならないことなど、指示の理由も説明していた（注12）。

(2) 通産省の指示

1978年２月、通産省でコンピュータ関連の産業政策を担当する課から日本IBMに対し、営業担当社員が未発表製品を話題にし不公正な営業活動をしている疑いがあると、調査を指示された。問題行動の具体的な日時・場所・態様を通産省が教示しなかったため、会社は、まず、営業担当役員のライン経由で調査したが、BCGに反する行動は発見できなかった。この報告を通産省が納得しなかったので、次に、社長室が直接調査した。しかし、違反行為は発見できず、その旨を報告した社長は、社員の問題行動も把握できないのかと担当課長から厳しい叱責を受けた。通産省が具体的な証拠を持っているに違いないと考えた社長は、三度目の社内調査を法務部長に指示した。

(3) 法務部による調査

　法務部は、通産省指摘の問題の性質を考え、東京、大阪、名古屋の３営業部を調査対象に選び、調査チームを編成して現地に派遣し、３月13日朝、出勤してきた社員に記録・書類を別室に搬入してもらったうえで、16日までの４日間、社員数十名をインタビューし調査した。その結果、IBMが開発中の中型コンピュータ（社内コード名、Eシリーズ。アステカ、マヤ、インカの機種群で構成）に関する米国での憶測記事を転載した情報産業新聞のコピー複数が発見された。これが糸口になり、大阪と名古屋地区の営業担当員が記事のコピーを見込客に持参して、価格性能比が現行機種の２倍以上の新シリーズが来春発売の予定なので、「ライバル製品をあわてて買わないほうがいい」（注13）と話したことが判明した。このような行動は、未発表製品については憶測の話もしてはならないというBCGの趣旨に反する行為であった。しかし競争会社の商談を妨げたという実害は発生しておらず、独占禁止法の不公正な取引方法（19条、２条９項）のいずれにも、また私的独占（３条前段、２条５項）にも当たらないというのが法務部の判断であった。しかし違法行為はなかったとしても、一部社員が未発表製品を社外で話題にしたことは事実であった。そこで会社は４月18日、取締役営業本部長など関係社員を出勤停止などの懲戒処分に付した。社長の報告に対し、通産省の担当課長は、仮に独占禁止法違反はなかったとしても、BCG違反は、IBMの日本社会に対する公約違反だと言って非難した。

(4) 「不公正取引の疑い」という報道

　1978年４月26日、テレビや新聞は日本IBMに「不公正な取引の疑い」があり、通産省と公正取引委員会が調査中であると、報道した（注14）。そして４月28日には、衆議院商工委員会でも事件について参考人質問が行われた。これは、法務部の想定外の展開であったが、通産省は日本IBMの報告に満足せず、なお上記のような社員の行為は、独占禁止法上の不公正取引に当たる疑いがあると考えていたと推測される（注15）。

　その後、公正取引委員会が独占禁止法違反はなかったという見解を発表し、法令違反のなかったことが確定した。IBM法務部も反トラスト法違反には当たらないという見解だった。

　Eシリーズは、米国では1979年１月30日に、IBM4331およびIBM4341プロセッサーとして発表されたが、日本では通産省の了解を得たのち1979年３月１日に発

表、6月にIBM4331が、翌1980年4月にIBM4341がそれぞれ初出荷されている。

　このEシリーズ事件は、企業行動基準（BCG）が独占禁止法違反を未然に防止した一例と積極的に評価することもできるが、BCGの存在が国産メーカーの保護・育成という伝統的な産業政策を担ってきた通産省に日本IBMの一部営業担当社員のBCG違反行為をきっかけに行政指導の機会を与えた事件ということができる（注16）。BCGの未発表製品の開示に関する規定は、未発表製品の情報を保護するためなら機密指定という方法があり、独禁法遵守のために必要な規定とはいえないという理由で、1995年のBCG改定の際に、日本IBM法務部から削除を提案し、削除された。

　行政指導は、行政機関がその所管事務の範囲内において一定の行政目的を達成するために国民や企業に一定の作為または不作為を求める指導、勧告、助言であって、強制的な処分に当たらないものをいう。この認識は、IBMも事件発生前より共有していたが、Eシリーズ事件は、米国政府が関心を持つ問題ではなかったので、通産省との対応は日本IBMのトップにまかせたのであった。

(5)　社内調査のあり方

①調査の方法

　法務部による調査は、各営業部における調査の開始にあたり、調査担当者が営業部員に対し、ⓐ今回の調査は、通産省から、社員が未発表製品を開示した疑いがあるので、調査のうえ報告するよう求められたため、社長の指示により行われること、ⓑ社員は、会社が必要と判断して行う調査に協力する義務があることを説明したうえで、協力を求め、ⓒ部門にある記録・書類（ファイル）を段ボール箱に詰め、封印のうえ、別室に運んでもらい、ⓓ社員を順次インタビューするという手順で行われた。なお調査担当者（パラリーガル）の中には、机上にテープレコーダーを置いてインタビューした者もいた。

②調査の評価

　出勤と同時に調査に直面した社員は、驚きながら、ファイルを提出し、インタビューに応じたことであろう。調査が終了し、行動規範に反する行為の存在が確認され、関係社員に対し人事上の措置がとられる過程で、法務部門に対し反感を抱くようになった社員が生まれたことは想像に難くない。

　社内弁護士の本来の職務は、会社の法令遵守体制が整備され機能するよう、会社を支援することである。そのためには業務に関連して生じる問題や疑問を社員

が気軽に弁護士に相談できる風土の存在が望ましい。しかし本件のような調査は、弁護士を近づきにくい存在にする。社内弁護士に調査を担当させた社長と引き受けた部長弁護士の判断は妥当なものであったか。調査は、外部弁護士（顧問弁護士、または、顧問契約関係にない弁護士）に委託して行うべきでなかったか。そもそも、通産省の行政指導には、異なる対応の仕方があったのではないか。担当課長に社長が呼び出されたとき、社内弁護士が同行し、行政指導の根拠、被疑事実の具体的・詳細な説明を求めることはできなかったか（注17）。後からは何とでも言える。

　最高裁判所は、企業の調査権限と従業員の調査協力義務に関し、①企業は、企業秩序に違反する行為があった場合には、秩序を回復し、違反者に対し懲戒処分を行うために、事実関係を調査する権限を有し、②社員は、管理監督的な立場にない者でも、違反行為の性質、内容、違反行為見聞の機会と職務との関連性、より適切な調査方法の有無等諸般の事情から判断して必要かつ合理的であると認められる場合には、調査に協力する義務がある、という（注18）。本件調査に関しては、異なる見解があるかもしれないが、営業担当役員のライン経由でも、社長室のネットワークでも発見できなかったBCG違反行為を調査チームが社員のファイル中に発見した新聞記事のコピーを糸口に解明したという経緯に照らし、必要かつ合理的な調査であったと考えている（注19）。

　なお懲戒処分は、人事部門が複数の労働法専門弁護士の意見を得たうえで、実施されているが、解雇の次に厳しい10日間の出勤停止処分もあり、独禁法違反がなかったという公取委の見解が出たあとの営業部門の反発は一層強くなった（注20）。

(6)　商慣行とBCG

①BCG検討会議

　わが国の商慣行に合わないと営業部門などが批判するBCGを見直すための会議（BCG Task Team）が、1983年1月7日、椎名社長を座長に、営業部門など社内関連部門の代表者、日本IBMにスタッフ・サービスを提供していたIBMワールド・トレード・アジア・コーポレーション（WTAC）の日本における代表者が参加、キックオフした。座長に促され、参加者がBCGに関し率直な思いを述べる中で、私は、「BCGに日本法に反する部分があれば、IBMに修正を求めるが、現行版には違法な点はない、BCGのどの規定が日本の商慣行に反し、営業活動

にどのような悪影響を及ぼしているかについては、法務部門には知見がない」と述べ、座長から、もっと前向きの姿勢をとるよう求められた記憶がある。その後、会議は、4月下旬まで十数回開催されたが、具体的な成果の得られないまま終了した。

②コンサルタントによる検討

1984年9月、BCG（1983年12月版）を日本の法制度と商慣行に照らし検討したコンサルタント会社（コンサルタント）と渉外法律事務所それぞれの報告書がWTACのアジア太平洋グループ本部（APG）から私にも届いた。このうち法律事務所の見解は、私が本書で述べる見解と大きく異なるものではないので、コンサルタントの見解を紹介する。

コンサルタントは、まず第一に、文言の改善が必要と指摘する。日本語版は、英文のオリジナル（1983年8月発行）の省略や誤訳が数多く、社員に宛てたジョン R. オペル会長（1983年2月 - 1986年6月）からの書簡中でも重要な、「私たちは、長年にわたり繰り返し、すべての社員が高い倫理基準に従って行動することを期待されていることを強調してきました。これは今日でも同じです。そして明日も同様であり続けるでしょう」という部分が脱落しており、ほかに110以上の誤訳または不適切な訳がある、第二に、日米の文化、企業倫理（business ethics）および法律には、根本的な（fundamental）相違が存在するのに、BCGには日本文化に反し、日本における企業行動と関連性のない規定がある、第三に、日本の企業は、社員に対し協調性を求め、温情主義的（paternalistic）な態度で接するのに、IBMは協調性に言及せず、対決的な姿勢をとると、BCGを批判、IBMが求めれば喜んでわが国の法制度や文化に適した行動規範を作成すると述べた。

このうち、第一の誤訳の指摘、たとえば、購買取引先（supplier）を「納入業者」と訳さず、「取引先」と訳したのは不適切という指摘は、「業者」という言葉には軽侮のニュアンスがあるという社員の意見があるので、文脈上誤解のないようにしつつ「取引先」の語を用いているのであり、コンサルタントが誤訳と指摘する他の点を含め、渉外法律事務所からは誤訳の指摘がなかったこと、会長の重要なメッセージの脱落という指摘は、前記（かぎ括弧）の邦文の存在をコンサルタントが見落としたものであり、第二に、公正な取引というガイドラインは、日本企業が顧客を重要性や系列関係により優遇したり、営業社員が競争会社の悪口を言いつつ、競争相手と価格情報など秘密を交換し親しく交際するという慣行を

無視するものであるとの批判は、価格カルテルなどの違法行為を助長するおそれ
があり（注21）、また、互恵取引（reciprocal dealing）はわが国で一般的な行為
であって違法ではないという指摘は、BCGが互恵取引を独禁法の禁止する相互
拘束条件付取引の意味で用いていることを理解しないものであり、また近親者が
情報技術産業で働いている場合に機密の漏洩や利益相反行為を避けるよう注意す
るBCGの規定は、日本では共働き家庭が少ないので関連性がないという指摘
は、BCGが「転ばぬ先の杖」を社員に差し延べるものであることを無視する見
解であり、第三に、営業秘密の窃取行為に対し刑事告訴をすることもあるという
BCGを対決主義的だと批判するのは、わが国の企業も営業秘密の盗用に対し民
刑事の措置をとってきた事実を無視するものであった。法律事務所ではないコン
サルタント会社の限界を示した報告書で、BCGの変更をもたらすものとはなら
ずに終わっている。このようにトップがBCG見直しの努力をしたこともあっ
て、その後、社内では表立ったBCGの批判は影をひそめる。

3．オンライン・システムの開発

(1) 1964年東京オリンピック

　政府の産業政策は、日本IBMの事業活動を制約し、売上と利益の拡大を困難に
した。このような状況を打開するため、日本IBMは、国産メーカーにない技術と
ノウハウによってコンピュータの新しい用途を開発し、市場（パイ）を大きくす
るという生き残り策をとり、1962年8月、IBMの支援のもと、オリンピック東京
大会組織委員会との間で、「競技成績速報と記録の収集を援助するためのテレプ
ロセッシング（遠隔通信データ処理）システムの提供に関する契約」を締結、9
月、社内にオリンピック本部を設置し、システムの開発に着手した。当初5名の
システムズ・エンジニア（SE）でスタートした本部は、その後強化され、最終
的には262名の陣容となった（注22）。

　1964年10月10日の開会式の前に完成したシステムは、32の競技場にIBM1050
データ通信システムを配置して、電電公社の専用回線で日本青年館内のプレスセ
ンターにおかれた中央コンピュータに接続したもので、IBM1050からの入力デー
タは、まずIBM1440で受け、データ・チェックと必要な前処理を行い、それを
主力のIBM1410に送信し競技速報と公式記録用ファイルを作成した。

　競技は10月10日から24日まで15日間にわたり行われたが、この間6万6307の

データがIBM1050を通じてセンターのコンピュータに送られ、2780の速報と1,788のテレタイプ情報が出力された。そして24日の閉会式当日午後4時に最終競技（馬術）の終了後、編集・完成され、すべての公式記録をおさめた上下巻で1100ページに上る報告書、「Olympic Master Record Book」がエイベリー・ブランデージIOC会長の手元に届けられた（注23）。

(2) オンライン・システムの普及

　このわが国で初めてのオンライン・リアルタイム・システムは、米国IBMがアメリカン・エアライン社と開発した初の民間オンライン・システム、SABRE（座席予約）システムとほぼ同時に完成している。「あえて現代風に書くならば、1964年の東京オリンピックは、当時にあって、七千五百人の選手と千人の役員を集める空前のメガイベントであり、その競技記録は当時の電子計算機の処理能力にとってはビッグデータだった。もし、テレプロセッシング・システムがこの課題を解決するのであれば、このシステムは、オリンピックを越えて、さまざまな産業に転用される可能性をもつ」（注24）。東京オリンピック・プロジェクトと並行して、1962年から三井銀行のオンライン・システムの開発も進められ、1965年５月には本店営業部でシステムの利用が始まり、同年中に都内10店がオンラインに移行、1968年には首都圏の全支店と大阪支店にも導入された。このシステムの成功が他の都市銀行や地方銀行に刺激をあたえ、1965年以降オンライン・バンキング・システムは急速に普及する（注25）。

注1　日本IBM株式会社「日本アイ・ビー・エム50年史」(1988年、非売品)(以下、「50年史」)360頁、電気通信の自由化につき、440-442頁。コンピュータ産業に関する産業政策の全体像は、新庄浩二「コンピュータ産業」(1984年)小宮隆太郎・奥野正寛・鈴村興太郎編「日本の産業政策」(東京大学出版会、1984年)297-323頁(以下、「新庄」または「小宮他編」)に詳しい。

注2　高度成長期(1955-73年)、安定成長期(1974年-91年)、低成長期(1992-)の時代区分は、須藤時仁、野村容康「日本経済の構造変化」(岩波書店、2014年)2頁以下による。

注3　深尾京司・中村尚史・中村真幸編「日本経済の歴史5　現代1」(岩波書店、2018年、以下、「深尾他編」)39頁

注4　「50年史」156-161頁。IBM1440コンピュータの製造開始は1963年。「50～60年代のまだ国産メーカーと外国メーカー間に著しい技術格差の存在した時期に、輸入制限及び技術や外資の導入規制によって国産メーカーを保護したこと」が、わが国の「コンピュータ産業の発展に最も大きく貢献した」と新庄(317頁)は評価する。

注5　深尾他編262頁。外資規制の例としてテキサス・インスツルメント社(TI)の事件もよく知られている。TIは1964年に100%子会社による集積回路製造計画を申請したが、通産省は許可せず、1967年になって、①日本の半導体メーカーとの折半出資の合弁会社設立、②TIの特許公開、③設立後一定期間の生産調整という条件付きで許可された。小宮他編143、144頁注16

注6　深尾他編15頁。「1976年4月1日より、ソフトウェアを含むすべてのコンピュータ関連の貿易及び資本の自由化が完了した」ことにつき、新庄311頁

注7　小宮他編302頁の本文と注12

注8　新庄316頁。機振法、電振法、機電法にもとづく振興政策につき、「50年史」156、214、288、362頁

注9　1961年電電公社が事務近代化の基本方針でパンチカード・システム(PCS)からコンピュータへの移行を決定したときも、通産省への説明に時間を要し、つづく事務近代化実施計画にもとづく大型コンピュータ導入の際は、将来国産機への取り換えを検討するという条件で通産省の了解を得て、IBM7044と7040を導入した。「50年史」169-170頁

　　　1965年からNHKは番組技術システム(TOPICS)の開発に着手した。IBM機の使用を前提とするプロジェクトだったため、NHK側のプロジェクトリーダーの一人だった三井は、何度も通産省に呼びつけられて国産機の使用を求められ、性質の異なる複数の仕事を効率よく処理できるのはIBM機のみと説明する三井に対し、担当官は「NHKは民間企業じゃない。公共放送なんだ。だから行政のいうことを素直に聞いてもらいたい」と迫った。NHKのトップも通産省との交渉に乗り出した結果、「主要部分はIBM機を使い、その他の箇所は国産機を使うことで折り合った」、三井信雄「見えない国　見えないルール」(ダイヤモンド社、1998年)71-74頁。TOPICSは1968年10月28日に完成し、世界で初めてコンピュータによってコントロールされた番組を放送した。「50年史」239、240頁

注10　新庄316-323頁

注11　私の講演を中国の法律家がどのように評価したかは不明であるが、付き添って来

た日本側幹事数名には不評で、講演終了後、「IBMの弁護士に頼むのではなかった」、「IBMの弁護士に頼めば、こうなることは予想できた筈だ」と、私にも聞こえるように言いかわしていた。

注12　Eシリーズ事件発生当時のBCGの現行版は、1977年の発行

注13　椎名武雄「私の履歴書」（日本経済新聞2000年10月16日）。この回想録は、2000年10月の日本経済新聞に連載されたので、以下、「椎名履歴書（掲載月日）」と略し、引用する。

注14　1978年4月26日発行の朝日新聞朝刊1頁（第1面）、読売新聞夕刊2頁、日本経済新聞夕刊1頁

注15　朝日新聞（前掲注14）参照

注16　読売新聞（前掲注14）は、「アメリカがわが国に強く迫っている電算機の関税率の大幅引き下げの要請に対抗した措置との受け止め方もあり」という。1976年4月1日にはコンピュータ関連の貿易・資本の自由化が完了し、政府調達の開放がアジェンダにのぼるという時期に、担当課が極限までの指導を試みた例といえよう。

注17　事件から20年近くがたった1997年11月3日でも日本経済新聞が、外資系を含め日本企業の弁護士社員（企業内弁護士）は「超少数派、わずか約30人」という現実だった。同紙の特集記事「法務マン、表舞台に」参照。現在なら、違法行為の疑いを告げられた時から、行政官庁との折衝に弁護士を参加させるべきであろう。

注18　最高裁1977年12月13日（富士重工業事件）判決・最高裁判所民事判例集（以下、「民集」）31巻7号1037頁

注19　「創業者がセールスマン出身のIBMは営業が花形部門」と、椎名履歴書（10月13日）はいう。社内最強部門がライン管理者経由では発見できなかった不祥事を法務部門が明らかにするためには、ファイルの調査と社員のインタビューが必要であった。

注20　Eシリーズ事件は、通産省課長の権力を椎名社長に実感させた事件であるが、海外のIBM社員（親会社の法務部門などを除く）の関心をひくことはなかった。1979年3月19日から4月6日までの3週間、私は親会社（A/FE）が傘下各国の中堅管理者のためにニューヨーク州ポート・チェスター（Rye Town Hilton Inn）で開催した研修に参加したが、土日を除く毎日、早朝の運動（Physical Exercises Class）のあと、8時半ごろから夜まで続く、寝食をともにした期間中、誰からも事件について尋ねられたことはなかった。この研修は、参加者がIBM全体の視点や事業環境を理解できるよう、講演、ケース・スタディ、討論などを組み合わせた充実したものであったが、コーネル大学の睡眠学の教授が、出席者の多数が平日は5時間程度の睡眠しかとっていないことを確認したのち、「生活の質向上のためのみならず、仕事で生産性を上げるためにも、毎日7時間ないし8時間の睡眠をとるべき」と説いたセッションや、Personal Finance（個人財務管理）の講師が、「IBMに貢献して給与を得ている皆さんは、IBM株式に多額の投資をすべきではない。さもないと、一つのバスケットにすべての卵を入れるリスクをおかすことになる」と述べたセッションなど、行き届いた研修だった。なお早朝の運動でジョギングに行ったときは、シカなどに寄生するマダニにかまれてライム病（Lyme Disease）のスピロヘータをうつされないよう、長袖、長ズボンを着用し、草むらを避けるよう注意を

受けたことは、皮膚症状にとどまらず神経症状など多様な全身症状、ときには死をもたらす、この病気に関心を持つきっかけとなった。研修も後期に入った3月28日、スリーマイル島原子力発電所（ペンシルヴァニア州）で炉心溶融事故が発生、州知事が妊婦や幼児に避難勧告、発電所所在地や近隣からの住民の避難など、1986年4月26日にチェルノブイリ原子力発電所（旧ソ連ウクライナ共和国）での事故発生前、原子力発電開発史上最悪といわれた隣接州での事故の推移を研修生一同憂慮をもって注視していたが、4月4日、知事が一応の収束を宣言する。

注21　IBMは、競争会社とのあらゆる接触の場面で（同業者団体および標準化活動の会議を含む）、IBM社員に対し、ⓐ価格、販売条件（ただし競争会社がIBMから購入またはIBMに販売する取引を除く）、原価、在庫、製品計画、市場調査、その他機密または知的所有権の対象となる情報について話し合うことを禁止し、ⓑ競争会社がこのような話題を持ち出したときは、その問題について話し合うことができない理由を説明し、その話し合いを中止することを求め（場の空気を読む日本人には抵抗感がある指示か）、ⓒ禁止事項が話題になったときは社内の法律専門家に報告するよう指示していた。このガイドラインを含む1973年版BCGは、1974年9月に経団連の海外独禁政策調査団が欧米における独禁政策の動向を調査した際に、IBMから調査団に提供され、「米国各社の独禁法遵守ガイドライン集」（経団連、1976年2月）に転載（「1956年の同意判決要約」を除く）、出版された。

注22　「50年史」174－175頁。国際オリンピック委員会（IOC）は、IBMの支援のもと、1960年スコーバレー冬季大会（米国）で初めて、コンピュータの利用を開始（リザルト・システム）、同年のローマでは夏季大会初のコンピュータ利用を開始、1964年2月のインスブルック大会では、オーストリアIBMからオンライン・システムの提供を受けたが、競技種目も参加者も多く、史上最大規模の東京大会ではシステムも格段に大きく複雑なものとなった。

注23　「50年史」176－179頁。朝日新聞1964年10月31日10頁（IBMの広告）、1960年のローマ大会では公式記録集の完成に数か月を要したという。

注24　新倉貴仁「情報社会化の中の東京オリンピック」、石坂友司・松林秀樹編著「1964年東京オリンピックは何を生んだのか」（青弓社、2018年）53頁。なお引用文中の「七千五百人」は、6月末頃の予測数と見られ、「五千五百余人」（同書54頁）が実数に近い。

注25　「50年史」178－179頁

第 2 章

競争政策への対応

1. 独占禁止法の受容

(1) 裁判官の米国視察

　公正で自由な競争秩序の維持を目的とする独占禁止法（独禁法）は、市場経済秩序を支える基本法であり、私的独占、不当な取引制限、不公正な競争方法を反競争的な行為として禁止（行為規制という）するとともに、反競争的行為によらない場合でも、市場や国民経済に構造的な変化をもたらすおそれのある合併や事業譲受を規制（構造規制）する。

　この法律は、1947年に連合国の経済民主化政策の一環として、米国の反トラスト法（注1）を母法として制定された、第二次世界大戦前のわが国の法制度にはなかった新しい法律であった。独禁法の執行は、公正取引委員会が所管し、委員会の命令に不服の事業者は裁判所に出訴することになる。しかし独禁法訴訟の審理に備えなければならない裁判官は、この全く新しい法律をどのように解釈すべきか困惑した。たとえば独禁法が違法とする「私的独占」や「不正な取引制限」という用語、あるいは両行為に共通の「一定の取引分野における競争を実質的に制限すること」という要件は、理解困難なものであったからである。そこで裁判所は、反トラスト法の解釈・運用の実際を視察させるために裁判官を米国に派遣した（注2）。その成果は間もなく、東宝・スバル事件判決の、「競争の実質的な制限」とは、「競争自体が減少して、特定の事業者または事業者集団が、その意思で、ある程度自由に、価格、品質、数量その他各般の条件を左右することによって、市場を支配することができる形態が現れているか、または少なくとも現れようとする程度に至っている状態をいう」との判示となって現れる（注3）。

　しかし独禁法の受容は一直線には進まず、1952年4月にサンフランシスコ講和条約が発効すると、独禁法緩和の動きが活発となり、1953年には緩和的改正が行われる。また公正取引委員会の法執行も消極的になる（注4）。

(2) 独禁法の定着

　この間にも、西ヨーロッパ諸国では、米国の影響下、1957年には、西ドイツで競争制限禁止法が、欧州経済共同体（EEC）では、ローマ条約85条で競争制限協定、86条で支配的地位の濫用を禁止する国際競争法が成立するなど、独占禁止法の普及が進む。またわが国では、1960年頃から消費者物価対策として独禁法活用の必要性が政府でも認識されるようになり、公正取引委員会も価格カルテルの

規制を活発化、1973年10月の第一次石油危機の後には石油業界の価格カルテルや生産調整に対する刑事告発、1974年9月には独禁法の改正試案骨子の発表と、積極的に動き、1977年には、独禁法制定後初の強化的改正が実現する。この改正は、①独占的状態に対する競争回復措置、②価格カルテルに対する課徴金納付命令、③高度寡占産業における価格の同調的引き上げの理由報告制度などを新設し、④大会社の株式保有の総額規制と金融会社の株式保有の制限比率の5％への引き下げを定めた。私は、1977年11月29日の公取委事務局のガイドライン、「独占的状態の定義規定のうち事業分野に関する考え方について」の公表後、日本IBMは独占的状態に対する措置の対象分野に含まれないことを確認するとともに、価格カルテルの禁止は、IBMの反トラスト法遵守プログラム（BCGと社員研修）により徹底が図られていることから、77年改正はIBMの事業活動に影響を及ぼすものではないという意見をまとめている。

2.　反トラスト法遵守プログラム

　反トラスト法は、1890年のシャーマン法制定以来、1900年代にはシオドア・ローズヴェルト、タフト両大統領の下の司法省（反トラスト局）により、1930年代後半はフランクリン・ローズヴェルト大統領の下でアーノルド反トラスト局長により活発に執行されてきた。第二次世界大戦後は、唯一の経済大国となった米国の大企業による独占の弊害を防ぐため司法省が執行を強化、1959年には、ゼネラル・エレクトリック（GE）、ウェスティングハウスなど重電機メーカー29社と役員47名を価格カルテルの容疑で刑事訴追、裁判所は29社と役員45名に総額192万6000ドルの罰金を課し、23名の役員を執行猶予付きの拘禁刑に、複数の役員を拘禁の実刑に処した。民事的には、連邦政府とテネシー・ヴァレー公社が重電機メーカーに対し損害賠償請求訴訟を起こして勝訴、民間企業も約1700件の3倍賠償請求訴訟を起こして、総額約3億6000万ドルの損害賠償金を取得した（注5）。このような価格カルテルに対する制裁のきびしさが、企業に反トラスト法遵守プログラムの採用を促した（注6）。

　IBMも、1961年5月、「反トラスト法遵守の責任とガイド」と題する小冊子を全社員に配布し、会長が1956年の同意判決と反トラスト法の遵守をあらためて指示、違反社員は解雇すると告げた（注7）。

3. 司法省事件

(1) 司法省の訴提起

このような努力にもかかわらず、IBMは1969年1月、ジョンソン政権最後の日に、司法省から反トラスト法違反を理由に企業分割を求める民事訴訟を提起された。この司法省事件は、わが国の独占禁止法でいうと、単独企業による「私的独占」（法2条5項）の有無が争われた事件であるが、次に紹介する訴訟の争点が示すように、日本IBMの独占禁止法遵守体制にも影響を及ぼした。

(2) 事件の争点

①司法省の主張

この訴訟で司法省は、IBMがシャーマン法第2条違反の独占行為（monopolization）と独占の企て（to attempt to monopolize）をしているとの理由で、IBMの分割を求めた。独占行為の認定には、ⓐ関連市場（relevant market）における独占力の保有と、ⓑ独占力の意図的な取得または維持行為の存在の証明が必要である。独占力の保有自体が違法とされることはなく（注8）、独占力の取得または維持が、優秀な製品、事業上の先見性、または歴史的偶然による成長の結果であれば、適法とされる（注9）。司法省は、IBMが汎用コンピュータ市場で独占力を保有し、その独占力を主に次の5つの違法行為によって維持していると主張した。すなわち、IBMが、ⓐコンピュータ提供の際、ソフトの価格を分離せずに提供したこと（bundled price）は、ハードのみあるいはソフトのみで市場に参入したい企業に対し参入障壁を高くし、新規参入を妨げた。ⓑ1964年に発表したシステム360は、出荷予定日に出荷できる見通しがないのに、GEやRCAに顧客を取られるのを妨害しようとして発表した戦闘用機械（fighting machine）である。ⓒコンピュータを教育機関に大幅な割引価格で提供したこと、ⓓコンピュータの月額レンタル料金と販売価格の関係（倍率）を操作したこと、ⓔ1970年代にコンピュータ周辺装置の1年リースと2年リースをIBMが提供したのは低料金で顧客を長期に拘束する行為で、いずれも違法な独占行為であると主張したのである（注10）。

②IBMの反論

IBMは、まず、司法省のいう「広い範囲のデータ処理製品とサービスを提供する会社によって販売される汎用デジタル・コンピュータ（の市場）」という関連

市場の定義は、IBMの競争会社を8社に限定し、IBMのシェアを高く見せようとする人為的な技巧を用いた主張であり、IBMが実際に競争している会社は、特定用途のコンピュータ、周辺装置、部品のメーカー、ソフトウェア会社、リース会社など、1970年には1700社以上にのぼった事実を無視するものである、コンピュータ産業は、活発な新規参入が行われ、他の産業にはない激しい競争が展開され、画期的な新製品、技術革新、性能向上、価格引き下げが行われていると述べて、市場支配力の存在を否定したのち、次のように違法行為の存在を否定した。ⓐ1950年代に出現したコンピュータ産業がハードのみを提供したら、顧客にコンピュータの有用性を示すことはできなかったし、顧客もハードとソフトの価格を別建てにすることを求めなかった。ⓑシステム360は出荷予定日に出荷できる見通しのもとに発表した。実際にも、製造工程で問題が発生した一部の機種を除き、予定通りに出荷した。ⓒ教育割引は、連邦政府がコンピュータ業界に要請し、歓迎してきた行為である。ⓓ月額レンタル料金と販売価格の倍率を不法に操作したことはない。ⓔ1年リースと2年リースは競争会社も提供している契約方式であり、しかもIBMは黒字になるようにリース料金を設定している（注11）。

(3) 訴訟の影響と結果

　司法省の提訴をきっかけに、1969年には、リース会社グレイハウンド・コンピュータが、1972年には周辺装置メーカーのテレックス・コーポレーションが、それぞれIBMに対し反トラスト訴訟を提起した。テレックス社事件を審理した連邦地方裁判所が、1973年9月17日、関連市場を「IBMのコンピュータに接続される周辺装置」と定義し、当該市場におけるIBMの高いシェアと独占力を認定、かつ、IBMが周辺装置をレンタル方式のほか、2年リースなどでも提供した戦略を独占の企図にもとづくものとして、IBMの独占行為を認定、IBMに対しテレックス社への3億5200万ドルの損害賠償金の支払を命じると（注12）、カリフォルニア・コンピュータ・プロダクツ、メモレックス、ハドソン・ジェネラル、フォロー・プレシジョン等の周辺装置メーカーが、次々とIBMに対し民事訴訟を提起した。競争会社からの訴訟の多くは和解で終了したが、判決に至った事件では、IBMがすべて勝訴した（注13）。司法省は、ⓐこれらの訴訟の結果や、ⓑ判例の動向、とりわけコダックに対し新製品情報の出荷前開示を競争会社が求めた反トラスト訴訟で、コダックが勝訴したこと（注14）、ⓒ司法省が主張するIBMの違法行為の存在が仮に裁判所で認められたとしても、IBMの分割という構造的措置

を要する性質・程度の行為とは考えられないことを理由に、1982年1月、IBMに対する訴訟を取り下げた（注15）。

4. IBMの独占禁止法遵守体制

(1) 社内弁護士のネットワーク

　IBMは、世界各国の子会社の法務部の責任者に社内弁護士を充てる方針をとり、日本IBMでも1973年から弁護士が社員として勤務するようになった。社内弁護士で法務部を構成することは、ⓐ法律専門家である弁護士の法律意見の信頼性、ⓑ弁護士との相談を秘密にできる依頼者の秘匿特権（attorney-client privilege）（注16）、ⓒ弁護士は企業の違法行動に加担したり容認しないという社内外からの信頼という点で、弁護士資格のない法務スタッフ（パラリーガル）が構成する法務部にないメリットがある。子会社の社内弁護士は、人事上は子会社の最高経営責任者（CEO）の指揮下にあるが、法務活動については、IBMの最高法務担当弁護士（ゼネラル・カウンセル）から業務上のガイダンスを受けるという関係にあり、社内弁護士のネットワークの一端を担っていた。また、この世界的ネットワークは、アジア地域との関係では、IBMワールド・トレード・アジア・コーポレーション（WTAC）の東京事務所（1984年4月からAPG）のゼネラル・カウンセルを介することにより効率化が図られていた。

(2) 事業計画、価格計画の審査

　司法省事件やテレックス社事件からも明らかなように、独占禁止法は、企業の事業計画・製品計画や価格政策にも密接に関係する。このため、IBMでは、事業計画・製品計画、価格戦略の検討に社内弁護士が参加し、独占禁止法上の問題が生じないよう、事前に審査する仕組みをとっていた。たとえば、数種の製品の機能を統合した新製品の開発企画に当たっては、顧客の利便性の向上、コスト削減等のメリットの有無を公正競争の観点から審査する。また製品価格の決定に関しても、平均費用又は変動費用を上回る価格か否か（注17）、独占禁止法が不公正な取引方法として禁止する差別対価や不当廉売に当たらないかを審査する。また社員研修の際には、競争会社との価格協定や特約店・販売店に対する再販売価格の拘束を行わないよう注意を喚起する。

(3)　各種文書の法務審査

　シャーマン法２条の独占行為、独占禁止法３条の私的独占の認定には、市場の画定と違法行為の認定が不可欠である。市場の画定は競合関係にある同種の商品を含めて行われ、行為の違法性の評価は競争会社の同種の行為と比較して行われる。ところがテレックス社事件でIBMに敗訴判決を下した連邦地方裁判所判事は、ⓐ競合周辺装置に関する対策を検討したIBMの社内文書を根拠に、「IBM互換周辺装置市場」が存在すると認定し、当該市場におけるIBMの高い占有率、市場支配力を認定、かつ、ⓑ互換周辺装置メーカーからの同様な競合問題に何度も直面しないように１年や２年の財務上の負担は（苦い）薬と考えて対策を講じようとか、IBMシステムの13％が互換周辺装置に「汚染」されていると表現した社内文書を重視し、IBMの行為の違法性を認定した（注18）。しかしIBMシステムと互換性のある周辺装置のメーカーは、他社システムの周辺装置も生産できるので、周辺装置全体が一つの市場を構成すると見るべきである。また競争精神を強調する言葉が社内で用いられたからといって、一般企業なら適法とされる行為がIBMの場合には違法となるというのはおかしい。このような理由で地裁判決は控訴審で破棄されたが、原被告が激しく争う訴訟で被告の社内文書にマーケットやマーケットシェアの記述があれば、裁判官が心理的に依拠しやすいことは理解できる。またIBMで開発中のソフト製品に「CRUSH」というコード名をつけると、中小のソフトウェア会社を「粉砕」するための製品開発であり、特定の競争会社を狙い撃ちにする違法行為だと見られるおそれがある。このような考慮からIBMでは、社外文書と重要な社内文書に誤解を招く表現を用いることのないよう、社内弁護士が審査していた。

(4)　ビジネス・コンダクト・ガイドラインズ

　司法省事件の係属中、IBMが社員に遵守を指示していた行動基準は、1973年版のビジネス・コンダクト・ガイドラインズ（BCG）によって知ることができる。この行動基準は、「反トラスト法の遵守」と「企業倫理」とからなるが、前者中の「公正競争に関する指針」は、ⓐ競争会社・競争製品の誹謗、ⓑ差別的取扱い（Preferential Treatment）、ⓒ抱き合わせ販売、ⓓ互恵取引（Reciprocity）、ⓔ不公正な販売方法、ⓕ特定競争者の狙い撃ち、およびⓖ顧客の競争会社に対する確定注文を破棄させる販売活動などを禁止するほか、ⓗ受注順納入を社員に指示し、ⓘIBMの規模に関する論議、ⓙ競争者に関する情報の入手、ⓚ競争者との接

触、および①購買取引先との関係についての行動基準を定め、⑩未発表製品について社員が社外で開示又は言及することを禁止した（注19）。この最後の指針は、知的財産の保護と営業政策上の配慮にもとづくものであるが、司法省が訴訟で主張した「戦闘用機械」問題を避ける目的もあった（注20）。

「公正競争に関する指針」は、独占禁止法違反を防止するために、各社員に行動基準を示すものである。従って同業者との競争制限協定の場合などを除き、一部社員の行動基準からの逸脱がただちに独占禁止法違反になるわけではない。この意味で、ビジネス・コンダクト・ガイドラインズは本質的には企業倫理遵守のための指針ということができる。

(5) 社内研修

「公正な競争に関する指針」および独占禁止法の遵守は、法務部門が担当する倫理研修の重要項目であった。社員に理解してもらうため、判例や審決例を用いて具体的な説明に努めるとともに、違反した場合、とりわけ価格カルテルや入札談合など、価格に影響を及ぼす事業者間の共同行為（以下、「価格カルテル」）に対しては、ⓐ公取委による排除措置命令、および課徴金納付命令、ⓑ刑事制裁として、不当な取引制限罪（独禁法89条1項1号、95条、3条）、および談合罪（刑法96条の6第2項）、ⓒ高価格で購入した顧客からの損害賠償請求（民法709条と独禁法25条）、ならびにⓓ違反行為により会社に課された罰金や課徴金などの賠償を役員に求める株主代表訴訟（注21）などがあること、アメリカ社会では破廉恥罪として非難されることなどを指摘し、とりわけ競争会社との競争制限協定の疑いを招くことのないよう、同業者団体や標準化団体の会議で競争会社が価格や販売条件などの話題を持ち出した場合に、中止を求めても話が続くときは、水の入った花瓶を倒すなど（ただし花瓶はこわさない）、出席者の印象に残るような振る舞いをして退席することを勧めていた。

リニエンシー・ポリシー（独禁法7条の4、5）や確約手続（独禁法48条の2ないし9）が導入された21世紀の現在であれば、独禁法違反に気付いた社員は、できるだけ早く、法務部門や役員に知らせる義務があると強調するであろう。

5. わが国企業の独占禁止法遵守体制

わが国の企業が独占禁止法遵守プログラムの整備に動いたのは、1990年代の初

めであった。新日本製鉄株式会社、トヨタ自動車株式会社などが、1991年に独占
禁止法遵守マニュアルを作成している（注22）。これは、1989年からの日米構造
問題協議において、価格カルテルに対する課徴金の引き上げ、刑事罰の積極的な
運用などが両国間で合意されたこと、1990年6月、公正取引委員会が価格カルテ
ルを積極的に告発する方針を公表し、1991年4月には、価格カルテルに対する課
徴金を引き上げる独占禁止法改正が行われたこと、1991年7月、公正取引委員会
が「流通・取引慣行に関する独占禁止法の指針」の公表に当たって、独占禁止法
遵守のための社内体制の整備を企業に呼びかけたこと（注23）、また社団法人経
済団体連合会も1991年9月、経団連企業行動憲章を発表し、会員企業に法律の遵
守を呼びかけるなど、法的環境が変化する中で取られた施策である。

6.　電気通信事業分野における規制緩和

　1980年代には電気通信事業の分野でも規制緩和、競争促進の動きが加速した。
1981年12月には、電電公社が米国IBMと特許クロスライセンス契約を締結した。
1982年7月臨時行政調査会が電電公社、専売公社、日本国有鉄道の民営化を答
申、10月には、公衆電気通信法改正により、複数企業間のメッセージ交換に電気
通信回線の共同利用が認められた。1985年4月には、日本電信電話株式会社
（NTT）が発足し、電気通信事業法の施行によりVAN（付加価値通信網サービ
ス）が自由化され、12月には、VANを中心とした情報通信サービスを提供する
ため、日本IBMとNTTの共同出資で日本情報通信株式会社（NI＋C）が設立さ
れた。

注1　反トラスト法には、州議会が制定した州法もあるが、本稿では、州境を越える事業活動を規制する連邦法、すなわち1890年制定のシャーマン法と、これを補完するために1914年に制定されたクレイトン法と連邦取引委員会法を主な法規とする連邦反トラスト法をさす。このうち最も重要なシャーマン法は、第1条で取引制限協定を、第2条で独占行為と独占の企てを禁止し、司法省に法執行権限を与えるほか、違法行為の被害者に3倍賠償請求訴訟を提起する権利を与えている。なおクレイトン法は、価格差別（2条）と不当な排他条件付取引（3条）を禁止するとともに、株式・事業資産の取得（7条）と役員の兼任（8条）を規制、連邦取引委員会法は、不当な競争方法と不公正な行為を禁止（5条）し、連邦取引委員会に所管させる（1条）。1930年代まで統計会計機産業では、すべてのメーカーが自社製の機械に合わないパンチカードが使用されて機械の故障や修理が増えるのを防ぐため、機械のユーザーに他社製カードの使用を禁止していた。この契約慣行を司法省はクレイトン法3条違反と主張して全メーカーに対し民事訴訟を提起し勝訴、最高裁まで争ったIBMについても敗訴判決が確定した、IBM v. U.S., 298 U.S. 131（1936）

注2　独禁法の解釈に戸惑ったこと、米国の視察旅行で解釈の手がかりをつかんだことを、視察団に参加した浅沼武判事が1976年1月3日、杉並区荻窪の判事宅での新年会で述懐された。当時判事は、東京高等裁判所の判事であったが、1978年4月東京都地方労働委員会会長に就任、1981年1月16日に死去された。享年69歳。私は、民事裁判修習で東京地裁民事13部に配属となり指導していただいたほか、コロンビア・ロースクール（修士課程）入学時には、石川吉右衛門教授、岩間幸平元司法研修所教官、松本啓二弁護士とともに、推薦人になっていただいた。また、1973年5月中旬、大学が学生（F−1）ビザ発行のため、留学費用の支弁方法につき申告書（Financial Statement）の提出を求めてきたときには、石川泰三法律事務所時代に交誼を結んだチェース・マンハッタン銀行（大森誠一人事課長）にお世話になった。申告書には、私の署名のほか、銀行または米国領事による、「本人の申告を真実かつ正確（true and accurate）」と確認する副署が必要とされた。そこで預金取引のあったわが国有数の外国為替銀行に申告書を持参し、副署を依頼したところ、4、5日後、「前例がない。このような依頼を銀行にするのは非常識」という回答だった。大森氏に相談すると、翌日、「預金口座を開設してくれれば、依頼に応じる」という連絡があり、預金を移すと、5月29日には、チェース（Assistant Treasurer）の副署を得ることができた。

注3　東京高裁1951年9月19日（東宝・スバル事件）判決・高民4巻14号497頁、小林俊三（裁判長）、中島登喜治、藤江忠二郎、猪俣幸一、浅沼武5名の裁判官による判決

注4　根岸哲・舟田正之「独占禁止法概説（第4版）」（有斐閣2010年）10、11頁

注5　中川政直「主要国における談合入札の規制」ジュリスト759号59、63頁（1982）

注6　1970年代に司法省は、価格カルテル参加企業の役職員に対する刑事訴追を積極化し、1974年に議会がシャーマン法違反を軽罪から重罪にするなど厳罰化すると、プログラムを採用する企業が増加した。James J. Garrett, Antitrust Compliance A Legal and Business Guide（1978）

注7　Anti-Trust Responsibilities and Guide（May 17, 1961）。　同意判決は、United

States v. IBM, 1956 TRADE CAS（CCH）68, 245（S.D.N.Y. 1956）、司法省が1952年1月、IBMがタビュレーティング・マシーンの事業分野をシャーマン法2条違反行為により独占していると主張して提起した訴訟は、1956年1月25日、IBMに①機械の賃貸だけでなく販売も行う、②サービス・ビューロー部門は他の部門と切り離して経営する、等の制約を課した同意判決で終了するが、②の制約は1996年1月17日、その他の制約は順次2001年7月2日までに、撤廃された。

注8　United States v. Griffith, 334U.S. 100, 107（1948）

注9　United States v. Grinnell Corp., 384U.S.563, 570, 571（1966）

注10　Pretrial Brief For the United States（October 17, 1974）

注11　Pretrial Brief For IBM（January 15, 1975）

注12　Telex Corp. v. IBM, 367F. Supp. 258（N.D.Okla.1973）reversed in part, 501 F. 2 d 894（10th Cir. 1975）. cert. dismissed, 423 U.S. 802（1975）。連邦控訴裁判所は、他社コンピュータに接続される周辺装置のメーカーは、その生産設備に大幅な変更を加えることなく、IBMコンピュータに接続される周辺装置を生産できるので、周辺装置全体を市場と見るべきで、再定義された市場でIBMは市場支配力を欠き、またIBMのリースはテレックス社など競争会社の営業方式と同様の正当な競争行為であると判示し、原判決を破棄した。

注13　In re IBM Peripheral EDP Devices Antitrust Litigation, 481 F. Supp. 965（N.D.Cal. 1979）. affirmed, 698F. 2 d 1377（9 th Cir. 1983）. cert. denied, 464 U.S. 955（1983）

注14　Berkey Photo Inc. v. Eastman Kodak Co., 603 F. 2 d 263（2d Cir. 1979）. cert. denied, 444U.S. 1093（1983）。コダックはカメラ「110」とフィルムの発表時に現像処理方法を開示する義務はない、技術開発に要した投資を回収するため出荷時まではリードタイムを持っておきたいと考えるのは当然で許容される、と判示

注15　村上政博「独占禁止法の日米比較（上）」75頁参照

注16　拙稿「社内弁護士の覚書」判例時報827号9頁（1976）、巻末別紙参照

注17　独占企業の場合であっても、変動費用を上回る価格設定は違法と見るべきではない。Areeda & Turner, Predatory Pricing and Related Practices Under Section 2 of Sherman Act, 68 Harv. L. Rev. 697（1975）

注18　テレックス社事件判決（前掲）、367 F. Supp. 258、281－282, 297－302

注19　経済団体連合会編「米国各社の独禁法遵守ガイドライン集」97頁（1976）

注20　司法省事件の終了後、1982年には、価格政策をユーザーごとの競争状況に応じられるように改め、1983年にBCGから、製品ごとに納期を決める「受注順納入」の定めを削除（ただし、同意判決の受注順納入に関する規定は1997年4月30日まで存続）、1995年には、「IBMの規模に関する論議」についての指針が総合力で顧客の要望に応えるべきというガースナー会長の方針で、また、「未発表製品の開示」に関する指針は私の提案後に、BCGから削除された。

注21　日本下水事業団発注の電気設備工事等をめぐる日立製作所など大手5社の受注調整事件に関し、公取委が1995年7月12日に課徴金納付命令、東京高裁が1996年5月31日に罰金刑を課し、日立は総額で2億3200万円を納付した。この支出につき役員の責任を追及した株主代表訴訟は、1999年12月21日東京地裁で、①会長と社長は、

独禁法違反行為につき責任を自覚し、②専務は１億円の損害賠償義務を認め、③利害関係人として訴訟に参加した日立は、社長を委員長とする「独占禁止法遵守委員会」を設置し、独禁法の遵守を一層徹底することを骨子とする和解で終了した、商事法務1548号94頁（2000）

注22　公正取引568号24、26頁（1998）
注23　公正取引490号７頁（1991）

第 3 章

知的財産の保護

1. 1980年前後の米国

(1) 法制度

　米国では1970年代から80年代にかけて、著作権、営業秘密、特許について重要な改革が行われた。1974年に連邦議会は、「新技術を用いた著作物の利用に関する国家委員会」（CONTU）を設置し、コンピュータ・プログラム、複写技術などの出現にともなう著作権法のあり方について、大統領と議会に意見を具申するよう求めた。CONTUは、1978年の報告書で、コンピュータ・プログラムが著作物として保護されることを著作権法に明記するよう提言、議会は1980年に連邦著作権法を改正した。1979年には、各州を代表する法律家が各州のトレード・シークレット法を統一するため、モデル法案を作り、各州にその制定を呼びかけた。

　1982年には、地域ごとの連邦控訴裁判所が扱っていた特許控訴事件を連邦巡回区控訴裁判所（CAFC）に集中する裁判制度の改革が行われた。その結果、連邦特許法の運用・解釈が統一され、裁判官の専門知識も深まり、従前に比べると特許を有効とし、特許侵害を認定する判決が増加し、裁判所がアンチパテントからプロパテントになった（注1）。

(2) 訴訟

　米国における知的所有権訴訟は、1970年の2,150件から、1980年の3,783件、1989年の5,977件に増加した。特許侵害訴訟も増えたので、日本企業が当事者となる事件の数も増加したが、日本企業が当事者となる訴訟の割合が増えたということではない（注2）。

2. コンピュータ・プログラムの法的保護

(1) 契約による保護

　コンピュータ・プログラムが米国市場に登場した1950年代には、コンピュータ・プログラムが独立の商品として取引されることは少なく、プログラムの法的保護は、契約で、①プログラムを使用する中央演算処理装置（CPU）を指定し、②複製を制限し、③リバース・エンジニアリングを禁止すれば、十分と考えられていた。やがてコンピュータの普及にともないプログラムに対する需要が増大すると、プログラムを有料で提供するソフトウェア会社が登場し、1969年に

IBMがハードとソフトの価格分離政策を発表すると、プログラムの独立商品化が加速するとともに、プログラムの法的保護のあり方についての関心が高まった。

(2)　著作権による保護

　コンピュータ産業の発展は、米国においてCONTUの設置、著作権法改正という議会の対応と、オペレーティング・システム・ソフトウェアを著作物として保護する裁判所の判決をもたらした（注3）。

　他の諸国でも、1980年代前半に英、仏、独などの先進工業国でプログラムの著作権法による保護の方向が法改正または判例により明確となり、世界知的所有権機関（WIPO）とパリ同盟による専門家委員会でも、1983年6月には、プログラムは著作権法による保護が可能という意見が多数を占めるに至った（注4）。わが国では1973年6月に、著作権審議会第二小委員会がプログラムが学術の著作物に該当しうることを報告していたが、1982年12月には、東京地方裁判所がプログラムの著作物性を認める判決を下した（注5）。

(3)　プログラム権法構想

　ところが1983年12月、通産省産業構造審議会情報産業部会（中間答申）は、コンピュータ・プログラムの保護は、著作権法によらず、工業所有権的立法によるべきであるとする、「プログラム権法」構想を発表した。これは、プログラムの登録を効力発生要件とするほか、保護期間を15年とし、強制利用許諾制度を設けるなどを特徴とする提案であった。通産省の構想に対し、日本IBMは、プログラムは言語の著作物として著作権法で保護することが適切で、プログラム権法案はプログラムの法的保護を弱めるものであると反対意見を述べ（注6）、IBMと連携してプログラムの著作権法による保護の必要を内外に訴えた。また文化庁著作権審議会第六小委員会（中間報告）も1984年1月、プログラムを著作権法で保護することを提案して通産省と対立した。当時、先進諸国では立法や判例により、プログラムを著作権法で保護する方向が確立しつつあったが、政府は、このような潮流とプログラム権法案に反対する意見を考慮し、結局1985年、プログラムが著作物として保護されることを明確にする著作権法改正を行った。

(4)　リバース・エンジニアリング問題

　1993年7月、文化庁は「コンピュータ・プログラムに係る著作権問題に関する

調査研究協力者会議」を開催すると発表した。協力者会議の検討項目の一つは、「リバース・エンジニアリングに関する規定の在り方」であった（注7）。

　広くプログラムのリバース・エンジニアリングという場合には、ⓐマニュアルの調査、ⓑテストラン、ⓒ接続テスト、ⓓ回線トレース、ⓔメモリー・ダンプ、ⓕ逆アセンブル、逆コンパイルなどの行為を含む。このうち文化庁の検討は、逆アセンブル、逆コンパイル（以下、「逆コンパイル」という）の合法化の当否に主眼を置くものであった。ここに逆コンパイルとは、コンピュータで稼働できる状態のプログラム（0と1の機械語のプログラム。オブジェクト・コードという）をアセンブリ言語や高水準言語（たとえば、コボルやフォートラン）など人間語に近いプログラム（ソース・コードという）に変換する行為をいう。逆コンパイルを合法化しようとするグループは、ⓐオブジェクト・コードは理解できないので、ソース・コードに変換し、アイデア（とりわけ相互運用性確保のために必要な情報）を入手、研究することを認めるべきである。ⓑこのような研究が許されることで競争が活発化する。ⓒEC指令（注8）や米国の判例も逆コンパイルを合法と認めている、と主張する。これに対し日本IBMは、次のような理由を述べ、容認立法に反対した。ⓐ相互運用性に必要な情報は、市場メカニズムの働きで提供されているので、逆コンパイルは不要である。ⓑ研究目的なら複製が許されるという主張は著作権法上認められない。ⓒコンピュータ・プログラムの逆コンパイルが禁止され、投資が守られているからこそ、多様なソフトウェアが提供され、情報産業が発展したのである。ⓓEC指令は、相互運用性に不可欠の情報が他の方法では入手できない場合にのみ逆コンパイルを認めるにすぎず、市場メカニズムにより必要な情報が提供されている現実に照らし不要な立法であった。ⓔ逆コンパイルを合法とする判例法が米国で確立したということはできない。

　日本IBMは、文化庁の動きが報道された日からIBMと連絡をとり、内外に働きかけた。その後、米国の有力なソフトウェア会社（パッケージ・ソフトウェアの売上の約90パーセントを占める各社）や米国政府もリバース・エンジニアリングの合法化に反対する意見書を文化庁に提出、1994年5月、文化庁は容認立法を見送ることにした（注9）。

3.　知的所有権紛争

(1)　IBM産業スパイ事件

①社会の反応

1982年 6 月22日（米国東部時間）、米国連邦捜査局（FBI）は、日立製作所、三菱電機の社員 6 名をIBMに対する産業スパイの容疑で逮捕した。両社の社員が盗もうとしたのは、IBMが開発中の大型コンピュータに関する機密資料「アディロンダック・ハードウェア・デザイン・ワークブック」で、その一部分を入手していた日立が残りの部分を入手できないかとコンサルタントに相談、コンサルタントがIBMに通報したことが逮捕の端緒となった（注10）。この事件を日本IBMの社長椎名武雄が米国IBMからの電話で知ったのは、 6 月23日（日本時間）の早朝だったが、その後のわが国の報道には、FBIのおとり捜査を批判するものが多く、日本IBMの本社ビルには右翼の街宣車が押し掛け、「ヤンキー椎名、ゴーホーム！」と叫び、脅迫状が送られてくるという騒ぎになった（注11）。

②社内コミュニケーション

マスメディアがIBMを非難する報道をしたため、社員の動揺も大きかったが（注12）、社内弁護士にできることは、①わが国の企業でも重要な営業秘密が競争会社に売られた場合には刑事告訴という行動をとるのであり（注13）、IBMの告訴は重要知的財産を守るための当然の行動であること、②おとり捜査はわが国でも用いられ、最高裁判所も犯意誘発型（犯意のなかった人に犯意を生じさせる行為）ではなく、犯意を持つ人の犯意を確認するための機会提供型のおとり捜査は適法として容認していること（注14）などを社員に説明し、事態を冷静に見るように呼びかけることであった。

(2)　IBM・富士通紛争

①交渉と仲裁

1982年10月、IBMは、富士通がIBMシステム・ソフトウェアの無断複製によりIBMの知的所有権を侵害していると抗議し、是正を求めた。交渉の結果、和解が成立したが、1984年12月、IBMは富士通が和解契約に違反していると抗議、交渉が成功しなかったため、1985年 5 月、両社は、米国仲裁協会（AAA）に仲裁を申し立てた。1987年 5 月、両社はオペレーティング・システムに関する紛争の解決を2002年11月29日までの間、AAAの 2 名の仲裁人（以下、「パネル」という）

に委託することに合意した。

②仲裁命令

1987年9月15日、パネルは、ⓐ富士通に5年ないし10年の間、IBM互換オペレーティング・システム・ソフトウェアの開発機会を与えるため、有償でIBMプログラムを調査し、必要な情報を抽出するためのセキュアド・ファシリティ（SF）を設置・運営するための枠組を定め、ⓑ過去の紛争を解決するため、富士通に対し、IBMに一括金を支払うよう命じる中間命令を発した（注15）。その後1988年11月29日の最終命令で、ⓐ富士通が抽出し、利用できるインターフェース情報の範囲、ⓑIBM情報の使用料（注16）、ⓒSFの詳細が定められた。

③命令遵守のための活動

ⓐ富士通プログラミング資料

この著作権紛争は、米国IBMが当事者であったが、仲裁命令が発せられた後は、日本IBMでも命令遵守のための活動が必要となった。たとえばパネルは、富士通にSF制度の下で有償でIBMのソフトウェアの外部情報の抽出を認めるとともに、IBMが富士通プログラミング資料を開発に利用する場合についても同等の条件を課した。このため、富士通プログラミング資料を利用する予定のないIBMは、ⓘシステム370ソフトウェアの開発を担当しているIBMエンジニア（以下、「IBMシステム370開発者」）が富士通プログラミング資料にアクセスすることを禁止するとともに、ⓘⓘ一般社員が正当に入手した富士通資料を不注意からIBMシステム370開発者に見せたりしないように管理する必要が生じた。この富士通資料には富士通ソフトウェアの公表資料も含まれるので、店頭で入手できるパンフレット類にも注意する必要が生じたのである。

ⓑコメントの禁止

仲裁命令は、富士通とIBMの社員に対し、事件に関し内外でコメントすることを禁止した。パネルの機密保持命令の遵守についても、社長が社員に指示を出し、社内弁護士が社員に対し助言するという体制がとられた。

④仲裁命令の終了

1997年4月、両社は、仲裁体制を終了させることに合意した。これにより、両社の関係は、一般企業との関係と同様になった。

(3) PCソフトウェアをめぐる事件

IBMパーソナル・コンピュータ（IBMPC）が1981年8月に発表され9月に初

出荷されると、基本入出力システム（BIOS）を無断複製し、自社製のパソコンに搭載する業者が現れるようになり、わが国でもBIOSの無断複製事件が多発した。日本IBMは、訴訟外で著作権侵害の中止を求め、ほとんどの事件は交渉で解決したが、１件は著作権侵害訴訟の提起後に和解で解決した（注17）。

　PCソフトの著作権侵害事件では、侵害者の属性（逃亡の可能性など）、侵害行為の態様、費用対効果等を考慮して著作権侵害罪で警察に告訴したことがある。私が日本IBM在職中に告訴した２件は、いずれも有罪判決で終わっている（注18）。

4.　契約遂行過程で生まれる発明と著作

(1)　はじめに

　ソフトウェア開発契約や共同研究開発契約に関しては、契約を遂行する過程で発明や著作物が生まれる可能性がある。どの契約にも、複数の契約当事者が存在するので、発明や著作物に関する権利の帰属、当事者の利用権などが問題となる。

(2)　IBMの契約実務

　この問題に関するIBMの契約実務ないし方針は、次のようなものであった。

　①発明または著作が一契約当事者の従業員のみによって行われた場合は、発明（特許を受ける権利、特許権、実用新案を含む）と著作権は当該当事者のみに帰属する。当該当事者は、当該発明および著作権を実施し、ライセンスし、譲渡する権利を有する。他の契約当事者は、当該発明および著作権を無償で使用する権利を有する。

　②発明または著作が複数の契約当事者の共同によって行われた場合は、発明と著作権は当該複数当事者の共有とし、各当事者は、当該発明または著作権を実施し、ライセンスし、持分を譲渡する権利を有する。

(3)　産業界の見解

　当時の産業界の見解は、ソフトウェア開発契約については、社団法人日本電子工業振興協会編「ソフトウェア開発モデル契約解説書」（1994年）によって、国際共同研究については、社団法人国際ロボット・FA技術センター・IMSセン

ターのIPR規程解説書（1994年）によって知ることができるが、いずれもIBMの契約実務を排除するものではなかった。

　ただし日本政府との共同研究あるいは日本政府からの受託研究に関しては、国内の共同研究、委託研究については政府が知的所有権を100％召し上げる、国際共同研究についてのみ50％までは企業に渡すことができるという契約実務が21世紀まで持ち越され（注19）、2007年の産業技術強化法改正を待つことになる。

5. 情報社会の知的所有権

　1993年にインターネットが商用化され、1994年3月、米国のゴア副大統領が世界情報基盤（Global Information Infrastructure, GII）構想を提唱すると、情報社会に関する政策の在り方についての検討が活発になった。民間部門でも、1994年9月には、日本電子工業振興協会（JEIDA）、米国コンピュータ・事務機器製造者協会、および欧州事務機器・情報機器製造者協会による民間三極会合、主要国の情報産業団体による国際情報会議（IIIC）が開催され、IIICは、①世界貿易機関を設立するマラケシュ協定の付属書、知的所有権の貿易関連の側面に関する協定（TRIPS協定）の速やかな実施を求めるとともに、②権利行使手続の強化と権利保護の調和のための国際的行動を求め、③標準に含まれる知的所有権は合理的・非差別的な条件で提供すべきことを提言した（注20）。日本政府の取り組みも加速したが、わが国のプロパテント政策への転機を示すものとして、21世紀の知的財産権を考える懇談会が特許庁長官に提出した報告書（1997年4月）がある。この懇談会には、日本IBM椎名武雄会長（以下、「椎名会長」）も委員として参加したが、1990年代の日本IBMはコンピュータ西暦2000年問題を含め、JEIDAや情報産業の一員として立法・行政上の施策の検討に関与することが多くなった。

注1　拙稿「欧米における知的所有権問題の現状」金融情報システム128号96、97頁（1993）

注2　拙稿（前掲注1）97頁

注3　Apple Computer, Inc., v. Franklin Computer Corp., 714 F.2d 1240（1983）

注4　斉藤博「著作権法」91頁（2000）

注5　東京地裁1982年12月 6 日（スペース・インベーダー・パートⅡ事件）判決・判例時報（以下、「判時」）1060号18頁

注6　叶芳和・高石義一編「先端技術の知的所有権」33－50頁（1990）

注7　朝日新聞1993年 7 月23日 3 頁

注8　コンピュータ・プログラムの保護に関するEC指令（1991）。なお、1974年 7 月、シーメンス、アムダール、メモレックス、バロースなど欧米の情報処理装置メーカーが、EC委員会に、IBMがECの禁止する反競争的行為をしていると申し立てた事件は、1980年12月、委員会が、IBMは、ⓐコンピュータとソフトウェアとの抱き合わせ販売を行い、ⓑIBMシステムに接続する周辺装置のメーカーを妨害するため、システムとの接続に必要な仕様の公開を拒否または延引し、ⓒ互換システムのユーザーに対しIBMサービスの提供を拒否する等の行為により、支配的地位を濫用し、ローマ条約86条に違反したとして審判を開始、その後、審理が行われていたが、1984年 8 月 1 日、今後IBMがシステム370の新製品を発表するときは、発表後120日以内にインターフェース情報を開示すること、を主な内容とする確約書（undertaking）を委員会に提出し終了した。「IBM－EC独禁法問題和解：IBM提出の確約書全訳」日経コンピュータ（1984年10月 1 日）191－198頁、Common Market Law Reports（25 September 1984）152－161頁

注9　日本経済新聞1994年 5 月31日11頁

注10　荒井寿光「知的革命」41頁（2006）

注11　椎名武雄「外資と生きる」126－131頁（2001）

注12　椎名（前掲注11）130頁

注13　東レ産業スパイ事件に関する神戸地裁1981年 3 月27日判決・判時1012号35頁。加害者が秘密資料を売ろうとした複数企業のうち一社が東洋レーヨンに知らせ、東レが告訴し、捜査が開始された。

注14　最高裁1953年 3 月 5 日決定・最高裁判所刑事判例集（以下、「刑集」）7 巻 3 号482頁

注15　米国仲裁協会商事仲裁法廷による「IBM／富士通紛争解決に関する公告」が1997年 9 月18日付の日本経済新聞と朝日新聞に掲載されている。

注16　富士通はIBMに対し、IBMのメインフレーム・オペレーティング・システム・ソフトウェアの過去および将来にわたる使用について約 8 億3300万ドルを支払ったほか、1989年ないし1992年の各年、IBMの情報に対するアクセス料金を支払った。

注17　IBMは京セラに対し、BIOSの著作権侵害を理由に損害賠償請求訴訟を提起したが（1995年 2 月 1 日付日本経済新聞など）、和解の成立により、1995年 7 月25日、訴を取り下げた。

注18　BIOSおよびマニュアルについての著作権侵害罪の成立を認めた、東京地裁1988年 3 月23日判決・判時1284号155頁。PC-DOSJ6.3Vに関する著作権侵害罪の成立を

認めた、大阪地裁1995年10月6日判決、同月7日付朝日新聞35頁（マハーポーシャ事件）。なおIBMの訴状や告訴状は、知的所有権・ライセンス部門担当のバイス・プレジデントがIBMの代表者として委任した法律特許事務所の弁護士や社内弁護士が代理人となって作成・提出したが、訴訟能力を裁判所が疑問視することはなかった。かつて、チェース・マンハッタン銀行が都労委の救済命令に対する無効・取消を請求した訴訟で銀行のシニア・バイス・プレジデントが銀行の代表者として訴訟委任状に署名していたところ、東京地裁1968年12月20日判決・判時563号54頁は、外国法人の訴訟能力は、設立準拠法により決まり、銀行の取締役会がシニア・バイス・プレジデントに訴訟追行権を与えていることが認められるとしながら、わが国の公序は、「日本における代表者」または代表取締役に相当する頭取（デイビッド・ロックフェラー）のみに訴訟追行権を与えていると解されるので、シニア・バイス・プレジデントが銀行を代表する訴訟は不適法として却下した。しかし通説、たとえば山本敬三「外国法人の当事者能力と訴訟能力」渉外判例百選（増補版）224頁の批判があるように、他の裁判所の受けいれる先例とはならなかった。

注19　IMSセンター「IPR説明会特集」IMS12号13－16頁（1994）に筆者のコメント

注20　International Information Industry Congress, COMMON VIEWS PAPER ON GII（September 1994）

第4章

内部統制と法令遵守

1. 内部統制体制整備の義務

　取締役は、善良な管理者の注意をもって業務を執行しなければならず（旧商法254条3項、2006年5月1日からは会社法330条、民法644条）、この義務には、内部統制体制を構築する義務が含まれる（注1）。

　内部統制とは、ⓐ業務の有効性と効率性、ⓑ財務報告の信頼性、ⓒ関連法規の遵守を目的として、事業体の取締役会、経営者、その他の構成員が遂行するプロセスをいい、ⓐ統制環境、ⓑリスク評価、ⓒ統制活動、ⓓ情報と伝達、ⓔモニタリングを基本的要素とする（注2）。このトレッドウェイ委員会組織委員会（COSO）による内部統制の定義は、広く欧米諸国のみならず、わが国においても受容されている（注3）。

　内部統制は中小企業でも必要であるが、従業員が多く組織も複雑な大企業においては、体系的に整備し実施する必要がある。このため会社法は、大会社（資本金5億円以上または負債総額200億円以上の株式会社）と監査等委員会設置会社及び指名委員会等設置会社の取締役会に対し、取締役会決議または取締役間協議によって、内部統制システムの内容を定めるよう命じている（348条4項、362条5項、399条の13第1項1号ハ、同条2項、416条1項1号ホ、同条2項）。

2. 法令遵守体制

　内部統制のプロセスは、法令遵守を含む。法令遵守体制に関し、COSOの参考マニュアルは、経営者が、ⓐすべての関連法規の遵守、ⓑ明解で法的強制力ある契約の締結、ⓒ紛争処理費用の最小化という目的との関連で、自社の状況を次のような観点から評価するよう勧めている。

　すなわち、経営者は、自社の弁護士が、ⓐ経営者との会議に出席しているか、ⓑ経営トップに法律上配慮すべき事項を定期的に伝えているか、ⓒ事業計画を審査しているか、ⓓ重要な契約を審査しているか、ⓔ内部監査人、独立監査人、取締役会等と定期的に情報を交換しているか、ⓕ管理職社員に対して法律上の問題を弁護士に相談するよう教育・研修しているか、ⓖ業界について十分な経験を持っているか、ⓗ立法や判例の動向をモニターしているか、ⓘ訴訟費用を最小限におさえるように管理しているかを検討すべきである（注4）。これは、欧米の企業、とりわけ米国企業が事業活動の全般にわたり、社内外の弁護士を日常的に利

用している現実を反映している。これに対し、わが国の企業は、法務部を設置する場合でも、弁護士資格のない社員（以下、「パラリーガル」という）で構成し、社外の弁護士は、限られた事件についてのみスポット的に用いるにすぎなかった。わが国が行政国家であったため、企業は行政的な規制を守れば、国の保護を受けることができ、重大な法律問題が生じなかったこと、国が司法予算を抑制し法律家の供給量を増やさなかったことによる。わが国の法律家人口が先進国の人口対比で最も少なく、また社内弁護士の活動と有用性が一般に理解されていなかったこともあり、社内弁護士には弁護士会の営業許可が必要とされるなど、1995年12月15日、営業許可を得ていた弁護士有志が企業内弁護士協議会を結成したときは、参加弁護士数は25名にすぎなかった（注5）。その後、司法改革で司法試験合格者数が700名から1000名、1500名と増加するのにともない、官公庁勤務を含め、組織内で働く弁護士は増加しているが、社内弁護士が全弁護士の10％を超える米国に比べると、はるかに少ない（注6）。法令遵守体制は、役員・社員が重要な法令を理解していること、法令の詳細まで理解していなくとも、法律問題が潜在する可能性に気付き、上司または弁護士と相談のうえ、法律に従った行動をとることにより貫徹する。次に、企業が遵守すべき法令の意味について検討する。

3.　遵守すべき法令とは

(1) 外国法

　わが国のみに事業所を設け、事業活動に従事する企業の場合、遵守すべき法令は日本国法である。企業が外国でも事業所を設置し、事業活動を行う場合には、大阪地方裁判所が2000年9月11日の大和銀行事件判決で判示したように（注7）、外国法も遵守すべき法律となる。また企業は、わが国における行為に外国法の域外適用の可能性があることにも留意する必要がある。たとえば、米国や欧州は、域外で行われる事業活動が域内市場に直接的、実質的かつ予見可能な競争制限的効果を及ぼすときは、反トラスト法や競争法を適用するという政策を1980年代までには確立していたが（注8）、わが国でも公正取引委員会が2008年2月20日、マリンホース国際カルテル事件審決で、国外の行為がわが国のユーザーが発注するマリンホースの分野で競争を実質的に制限していることを認定し、ブリヂストンとともに、英国法人ダンロップ、フランス法人トレルボルグ、ならびにイタリア

法人マヌーリおよびパーカーに対し排除措置命令を発し（注9）、独占禁止法初の域外適用を行っている。

　複数の国に事業所または子会社を設け、事業活動を展開する企業（多国籍企業）の場合、親会社の母国法が海外子会社を規制対象とするときは別として、ある国では違法として規制される行為が他の国では規制を受けないとき、各国の社員間の行動に相違が生じるが、社員はそれぞれの国の法令を遵守すればよい、という方針を維持すれば足りるであろうか。

(2) インサイダー取引

　わが国が証券取引法（現、金融商品取引法）を制定したのは1948年であるが、1988年の改正までは、インサイダー取引を禁止する明文の規定は存在しなかった。改正法は、翌年から施行され、間もなくインサイダー取引の摘発が始まる（注10）。わが国では、証取法の制定から1989年までの間は、インサイダー取引で上場会社の役職員が利得する行為は、役得の一種とみる向きも多かった。これに対し、米国では1934年証券取引所法でインサイダー取引を禁止、証券取引委員会による法執行も活発であった。

　IBMは、社内情報の不当利用を全面的に禁止しているが、なかでもインサイダー取引について、1973年版BCGは、具体的に4つの例を示して、禁止を徹底しようとしている。このうち、「IBMのある営業関係の秘書は、自分の秘書業務を通じてIBMが発表しようとしている画期的な新製品について知ります。彼女が友人に話したところ、友人はとび出して行ってIBMの株式を買います。その製品は後日発表され、株価は25ドルに上がりました」という例は、1995年5月初め、IBMがロータス株式の買付を検討中であることを知った秘書が帰宅後、ポケットベル会社勤務の夫に話し、その後も計画の進捗状況を注視、5月31日のIBM取締役会で公開買付が承認され、6月5日頃に発表されることを知って、夫に告げた事件を想起させる。6月2日（金）、本人と夫の知人ら25人はロータス株式とオプションを購入、6月5日（月）の情報公開後に売却し、130万ドル以上の不法な利益を得た。この事件は、連邦証券取引委員会によって摘発され、1999年5月26日、25名の被告に対し、不法利得の返還、利得の3倍の民事罰、将来の違反の禁止等を求める民事訴訟が提起され、わが国でも報道されている（注11）。

　1988年の証券取引法改正前、わが国では放任行為であったインサイダー取引を禁止するBCGの規定に関しては、社員の中に違和感あるいは反感を持つ向きが

あったかもしれないが、社内研修の際には、「BCGがインサイダー取引を禁止していないと仮定してみよう。日本IBM社員が社内情報を利用してインサイダー取引を行った場合、それを知った株主や投資家、あるいは米国IBM社員はどのような反応を示すだろうか」と話し、BCGが禁止規定をおく必要を理解してもらうように努めていた。

(3) 商事賄賂

　それでは商事賄賂について、IBMはどのように対応していたか。米国や欧州の一部の国では、公務員に対する贈賄行為にとどまらず、民間企業間の商事賄賂を禁止し刑罰を課している。しかし日本では、取締役の特別背任罪に該当しない限り、処罰されることはない。たとえば、ビル工事を発注した会社の社長が、ビルの竣工、引渡後に、建設会社から高級車の贈与を受けたとしても、特別背任罪には当たらず、欧米のように商事賄賂として処罰されるおそれもない。ところがBCGは、全世界のIBM社員に対し、民間の顧客やサプライヤー（購買取引先）との間でも、取引に影響を及ぼすとみられる贈物や接待の授受を禁止し、金銭の授受は一切禁止していた。接待や贈答が自由な企業社会で働く日本IBMの役員や社員には、IBMは一般の企業とは違うという思いのあったことは、役員の回想からも知ることができる（注12）。

　BCGは、現在、日本IBM のホームページで公開されているが、冊子形式で社員に配布していた時代にも、社外の求めがあれば提供していた。従って役員が社外の反応を聞く機会も少なくなかった。

(4) 安全保障貿易管理
①国際的な取り組み

　第二次大戦後の東西冷戦期の1949年、西側諸国は戦略物資・技術の共産圏諸国への輸出を規制するため、ココム（対共産圏輸出統制委員会）を結成した。規制対象品目には、武器のほか、数値制御の工作機械や高性能コンピュータなど、先端技術を用いる汎用品と先端技術データも含まれていた。ココムは、列挙した品目を規制するリスト規制という手法をとり、適用除外には全参加国の同意を必要としていた。わが国は1956年にココムに加盟した。

　その後、1970年代から80年代には、1974年インドの核実験、1980年-88年のイラン・イラク戦争における化学兵器の使用、第三世界における弾道ミサイルと大

量破壊兵器の開発・製造と、安全保障上懸念される動きが続く。これらの兵器や運搬手段の拡散を防止するため、先進諸国は、1975年核兵器分野について原子力供給グループ、1985年生物・化学兵器分野についてオーストラリア・グループ、1987年ミサイル技術管理レジームを結成し、リスト規制の手法を用いた不拡散型の国際的輸出管理レジームを構築する。

1990–91年の湾岸戦争後、国連査察により、イラクが規制リストにない汎用品を入手して大量破壊兵器を開発していたこと（フセイン政権崩壊時未保有）が判明する。このような問題に対処するため、リストにない貨物や技術についても、大量破壊兵器等に転用されるおそれのあるものは規制する、キャッチ・オール規制が、1991年アメリカ、1995年EU、2002年には日本でも本格的に、導入される。

東西冷戦が終わり、ココムが1994年3月31日に解散すると、地域紛争の懸念から、1996年7月、通常兵器の過剰な蓄積を防止するため、ワッセナー・アレンジメントが発足し、ロシアや東欧諸国も参加する。このレジームのもとでは、ココム規制とは異なり、輸出の許可・不許可は、参加国が個別に判断することになった（注13）。

この間、わが国は、外国為替及び外国貿易管理法（1997年に外国為替及び外国貿易法と改称、以下「外為法」という）にもとづき、通産省が安全保障貿易管理施策を所管していたが、1987年改正前の外為法には、安全保障の目的が明記されていないという問題があった（注14）。

②IBMのコンプライアンス体制

米国の安全保障輸出管理法制には、武器と軍需品の規制を行う武器輸出管理法（Arms Export Control Act）もあるが、汎用品・技術を規制する輸出管理法（Export Administration Act）がIBMの輸出管理の基本となる法律であった。違反に対する罰則は厳格で、法人には罰金100万ドルまたは輸出総額の5倍のいずれか高い方の金額、個人には25万ドルの罰金または10年以下の拘禁刑を課すことができた。この法律は、米国企業のみならず、国外の子会社にも適用され、また、規制対象物資を購入し規制対象製品を製造する外国企業、及び米国企業から規制対象技術のライセンスを受け製造を行う外国企業にも適用された（注15）。

この法律をはじめ、すべての安全保障貿易関連法を遵守するため、IBMは首都ワシントンに輸出管理部門（Export Regulation Office）を設け、海外子会社にも輸出管理法担当役員と管理者（Export Regulation Coordinator）の任命を求めるなど、全世界にわたる輸出管理体制を構築していた。

　わが国は1979年、外為法を改正し、対外取引を原則禁止から原則自由に改めた。改正法は、1980年12月に施行されたが、その半年前、通産省の北川正輸出課長から、IBMの安全保障貿易管理体制に関する説明依頼があり、7月21日、牟田口道夫常務取締役、川上京介輸出法管理担当マネージャー、私の三人で課長と会い対応した（注16）。その機会に日本IBMから課長に対し、個別の輸出案件ごとに通産省に許可申請を提出する必要がある現行制度を改め、関連会社間取引については、ⓐコンプライアンス体制が整備され、ⓑ取引の記録が作成・保存され、ⓒいつでも通産省の求めに応じ記録の提出ができる体制がとられていることを条件に、米国のように包括許可制度を創設してほしいと要望している。日本IBMと海外の関連会社との間では、日常的に部品、半製品、ソフトウェア、技術の取引が行われるので、輸出ごとの許可申請は多大の負担になっていた。この悩みは、わが国の輸出企業にも共通するものであったと考えられる。

　その後、通産省は1985年、ココム参加国の特定の買主と特定の貨物に係る継続的な取引関係にある輸出者に対し、一定期間、貨物の数量を限定せずに承認する包括輸出承認制度を創設、1990年には、一定範囲の貨物と一定範囲の仕向地との組み合わせで輸出を行う者に対し、一定期間効力を有する包括輸出許可制度を創設している（注17）。

　IBMは、新入社員研修など、様々な方法で輸出管理法遵守の徹底を図っていたが、1992年には社員の遵守義務をBCGに明記するようになった。これは、1981年8月IBMが業務用として発表したパーソナル・コンピュータが、2年後にはApple IIを追い越してベストセラーになり、発表から1年のうちに数百万人がPCを日常業務に使うようになるとともに、1993年インターネットの商業利用開始にともない、PCがワールド・ワイド・ウェブに接続されるようになるなど、情報技術の利用面での変化（注18）、および国際的な安全保障貿易管理体制がリスト規制に加え、不拡散型のキャッチオール規制へ移行する中で、輸出管理法遵守の重要性について社員に一層の注意を喚起するためであった。

(5) 環境法
①わが国の環境法（1949-1973年）
　第二次大戦後の産業復興にともない、工業地帯で公害が発生すると、東京都は1949年最初の公害防止条例を制定、1950年大阪府、1951年神奈川県が続く。1950年代に重化学工業化が進むと、大気や水の汚染、騒音などの被害が拡大する。こ

れに対し、1954年に大阪府が事業場公害防止条例を改正、東京都が騒音防止条例を制定、これまで条例がなかった福岡県も1955年に公害防止条例を制定する。このように公害防止の規制は、地方公共団体から始まった。

　1958年、本州製紙江戸川工場から放出された廃液が千葉県浦安町の漁場を汚染、それに怒った漁民が大挙して工場に乱入する事件（浦安事件）が発生する。この事態に国は1958年、公共用水域の水質の保全に関する法律（水質保全法）と工場排水等の規制に関する法律（工場排水規制法）を制定する。1961年ごろから四日市のぜん息が問題になると、国は1962年、ばい煙の排出の規制等に関する法律（ばい煙規制法）を制定する（注19）。

　1963年12月、静岡県が沼津市、三島市、清水町にまたがる石油化学コンビナート計画を発表し、翌年早々、富士石油、住友化学、東京電力（基幹3社）の計画が明らかになると、住民が石油化学コンビナート建設反対運動を起こす。住民は、四日市市のコンビナートから排出される亜硫酸ガスによる被害の現地調査、地元での勉強会、研究会を重ねながら反対運動を拡大、1964年に三島市長の依頼を受け、国立遺伝学研究所（三島市）の松村清二変異遺伝部長を代表とし、遺伝研の研究者や沼津工業高校教諭5名が加わった調査団が気象観測や水質調査を実施、「農業、水産および公衆衛生に対する公害の恐れは充分にある」という報告書を提出、9月中旬には、三島市・清水町の住民も参加した石油コンビナート建設計画反対沼津市民総決起大会が早朝に始まり、午後には会場に2万5000人が参加して開かれる。反対運動が続く中、10月、静岡県と基幹3社は計画を断念、「三島沼津の運動の成功が、政府に公害対策基本法を作らせることになり…三島沼津は日本国の公害対策まで変えた」（宇井純）と評価されている（注20）。

　1967年6月から1969年にかけて、四大公害訴訟（新潟水俣病事件、四日市ぜん息事件、イタイイタイ病事件、熊本水俣病事件）が提起され、1970年5月には東京の新宿区牛込柳町で排気ガスによる鉛中毒患者が発生、7月には、杉並区の高校で全国初の光化学スモッグ、静岡県田子の浦港の浚渫作業でヘドロ問題が発生する。国も公害問題に本腰を入れるようになり、1967年公害対策基本法、1968年大気汚染防止法を制定、1970年の公害国会で水質汚濁防止法、農用地土壌汚染防止法、廃棄物の処理及び清掃に関する法律、公害防止事業費事業者負担法、人の健康に係る公害犯罪の処罰に関する法律など、14の公害関係法を制定または改正、1971年には環境庁を設置する。四大公害訴訟では、イタイイタイ病事件で1971年6月、富山地方裁判所が三井金属工業の排水と住民の健康被害との間の因

果関係を疫学的因果関係論により認定し、鉱業法109条（無過失責任）にもとづき三井金属に損害賠償を命じる判決を下し、その後、他の三大訴訟についても裁判所が相次いで被告企業に対し民法709条（不法行為責任）にもとづく損害賠償を命じると、1973年には公害健康被害補償法が制定される（注21）。

この間アメリカでは、1962年にレイチェル・カーソン（1907‒1964年）が殺虫剤の無差別使用を批判する「沈黙の春」を出版する。化学工業やアメリカ農務省が「ヒステリックで非科学的な女性」という非難を浴びせるが、ジョン F. ケネディ大統領が殺虫剤問題を調査するための諮問委員会を設置、その調査結果がカーソンの見解と一致する。カーソンの著書は、環境運動の起爆剤となり、1970年のアースデイには約2000万人のアメリカ人が自然破壊反対のデモに参加する（注22）。1974年9月に私が日本IBMで公害防止プログラムのオリエンテーションを受ける前の環境保護の動きを概観した。

②IBMの環境ポリシー

IBMは、安全で健康的な職場環境の確保と安全な製品の開発・提供を目指し、1967年、米国IBMと海外子会社の全社員に対し、初のIBM環境ポリシーを発行し、その遵守を求めた。その後1971年には、公害（水質汚濁と大気汚染）の防止を目指すポリシー、1973年の第1次石油危機の翌年には、エネルギー管理と天然資源の保全を求めるポリシーが、1990年には、地球環境問題への対応を目指すとともに、環境情報の開示を宣言したポリシーが発行されている（注23）。

この間1974年以降は、全世界の事業所がエネルギー使用量、省エネルギーの量などの実績を記録・管理し、1978年には製品環境影響事前評価システムを開始、全IBM製品の開発段階で製品が健康や環境に及ぼす影響を事前に評価、1991年には、省エネ、リサイクルの容易性など、環境に配慮した製品開発計画であるかを評価するプログラムを開始している。

IBMの最初の環境報告書は、1990年に発行、日本IBMは1993年に発行している。報告書は、ⓐ会社概要、ⓑ環境ポリシー、ⓒ環境管理体制、ⓓ環境事故報告、ⓔエネルギー、水資源の保全、ⓕ環境リスク管理（大気と水質の測定、化学物質管理、有害廃棄物の削減、土壌・地下水の汚染防止と浄化）、ⓖ法令の遵守状況、ⓗ環境配慮製品、ⓘ環境教育など社内に徹底する方法、ⓙ環境保護団体、地域社会などステークホルダーとのコミュニケーション等の項目を含む。1998年からは環境会計の報告が始まった。

IBMは、事故を隠さず報告することを社員の義務とし、毎年80件前後の全世界

の環境事故の内容・原因などのデータは、1992年より環境事故報告システムに入力され、必要なときは、世界中のどの事業所からも検索できる。

IBMは、自他の事故に学びながら公害防止対策を講じてきた。1977年ニュージャージー州デイトン工場で地下水汚染を起こしたときは、地下水が近隣住民の飲料水として用いられていたので、地域への影響も大きかった。原因は化学物資タンクの亀裂で土壌へ漏洩したと判断された。1980年F. T. ケアリー会長（1973－1983年2月）は、全世界の事業所に対し、ⓐ地下水観測井戸の設置と定期観測の実施、ⓑ化学物質タンクと配管の2重層化、ⓒタンクの下部を点検可能にする対策（タンクの地上化または漏洩検知機能の整備）を指示した。

1940年代にニューヨーク州の運河ラブ・カナルの埋立地に建てられた住宅や学校で、1970年代になって悪臭や汚水が発生し、ニューヨーク州が調査したところ、化学会社がダイオキシンなど発ガン性物質を含む産業廃棄物を埋め立てた土地を整地のうえ売却していたことが判明した。このような汚染土壌の浄化問題に対処するため、連邦政府は1980年12月、ⓐ土壌浄化費用を一定の化学製品、石油製品の製造業者や輸入業者から原料税として徴収して信託基金（スーパーファンド）とし、厳格責任を負う者が浄化費用を負担できないとき、費用に充当する、ⓑ企業が土地取引やM＆Aを行う際に、有害物質による土壌汚染の有無について事前調査の義務を課し、ⓒ環境汚染が生じたときは、現在の土地所有者および管理者、環境汚染時の所有者および管理者、有害物質の排出者、有害物質の輸送者に対し、汚染地浄化の厳格責任を負わせる法律、「包括的環境対処・補償・責任法」（スーパーファンド法）を制定した（注24）。その後IBMは、土壌と地下水の汚染防止対策を強化し、敷地外につながるすべての雨水溝から雨水をサンプリングして年1回水質を検査している。

1996年、国際標準化機構（ISO）が、環境マネジメント・監査システムに関するISO14001を発行、IBMでは、同年中に日本、アジア、ヨーロッパの6事業所がLloyd社、日本規格協会（JSA）などの認証機関から個別に認証を取得した。この間、IBMでは、環境問題への対応は全世界の事業所共通の一貫した管理が必要であるとの認識にもとづき、個別認証を返上して、統合認証を取得する方針を決定、1年後の1997年12月、世界初の統合認証を取得している。ISO14001については、環境方針の公表の要求はあるが、環境マネジメントの実績の開示が要求されていない等の批判がある。IBMの環境報告書は、1990年の初版から、米国の民間任意団体PERI（Public Environmental Reporting Initiatives）の環境情報開

示基準に従い、「社会が知りたい情報」を発信することを目指している。

(6) セクシュアル・ハラスメント

　1980年、IBMは、雇用機会均等委員会（EEOC）が性差別に関するガイドラインを改訂し、セクシュアル・ハラスメントが1964年公民権法第7編（Title 7）の禁止する性を理由とする雇用差別に当たることを明確にしたのを受け、職場におけるセクハラ防止を宣言、社員教育を開始した（注25）。日本IBMも同様の措置をとっていたが、1988年にセクハラ禁止がBCGに明記されたとき、IBMの一連の措置に女性社員が歓迎の態度を示したことは忘れられない（注26）。当時は、1989年8月に福岡地方裁判所で「初のセクハラ裁判」が始まる前で（注27）、1996年4月にEEOCが米国三菱自動車をセクハラで提訴した事件後の1997年改正男女雇用機会均等法で、事業主のセクハラ防止配慮義務が定められる前であった。このような経験から、私は、法令遵守とは、「日本法および法の精神（先進国間で形成されつつある法）の遵守」であり、「法の精神を含むので、企業倫理の遵守」ということができると話していた。

(7) 企業は変わる

　ビジネス・コンダクト・ガイドラインズ（BCG）の日本語版がはじめて日本IBM社員に配布されたのは、1970年であった（注28）。私がはじめて読んだのは1973年12月の日本語版であるが、BCGは、ⓐ日本IBM社長とIBM会長による基本方針の表明、ⓑ反トラスト法の遵守、ⓒ企業倫理、ⓓ1956年の同意判決の要約からなる77頁に及ぶ冊子であった。このうち、反トラスト法の遵守に含まれた「公正競争に関する指針」の概略は、第2章「競争政策への対応」で紹介した。「企業倫理」は、ⓐ顧客との関係、ⓑ業者との関係、ⓒ競争者との利害関係、ⓓ自己取引、ⓔ社内情報の不当利用、ⓕ非個人的な利害の衝突に関し、具体的な行動規範を示し説明している。

　この冊子を読み、理解し、遵守するように求められた日本IBM社員は、一般の企業が社是、社訓を持っていても、独占禁止法遵守など具体的な行動規範を持たなかった時代、BCGを米国の法律文化の所産と、とまどいながら受け入れたと思われる。しかし1980年代には、国際化、自由化、情報化が進み、企業の社会的責任が問われるようになり、企業の法令遵守の態度も変化する。この間の事情と1995年ごろのIBMの法令遵守プログラムの状況については、拙稿（注29）に譲

る。

4. 事業活動の自由

(1) 特許管理の基本方針

　知的所有権部門の主要任務は、ⓐIBMの知的資産の保護、ⓑライセンシング部門と協力し、ロイヤリティ収入に貢献すること、およびⓒ事業活動の自由の確保にあった。

　IBMは、日本IBMなど全世界の子会社の研究開発費用を負担するとともに、子会社の開発部門による発明、著作物、その他の知的創作物に関する全権利を譲り受けて一括管理し、子会社にライセンスするという、集中管理方式をとっていた。

　知的所有権の中でも中核的な権利は特許権であるが、IBMの特許管理は、IBM製品の開発・製造・販売が他社特許の存在によって妨げられることのないよう、事業活動の自由を確保することを基本としていた。このため、IBMは、社員の発明を奨励し、ⓐすぐれた発明については、他社が同一または類似の発明について特許出願をする前に、出願し、特許を取得すること、およびⓑ出願は、他社がIBMからライセンスを受けたくなるような発明を選択して行い、価値のある特許資産（ポートフォリオ）を築いて、クロスライセンスにより他社特許の利用権を得ることを方針としていた。この選択的出願の対象とならない発明は、営業秘密として管理するごく一部の発明を除き、技術公開誌（IBM Technical Disclosure Bulletin）により公開し、公有資産にするという施策をとっていたので、特許出願件数の増大に忙殺される特許庁長官にも高く評価されていた（注30）。

(2) 脅迫、恐喝からの自由

　IBMは、事業活動の自由をおびやかす脅迫、恐喝に譲歩しない方針を徹底し、セキュリティ対策を講じていた。セキュリティは、企業資産の保護、具体的には、人的資産（社員）、物的資産、情報資産の保護のための対策であるが、ⓐトップ・マネージメントのリーダーシップ、ⓑセキュリティを守る社員の責任意識と行動、ⓒ物理的セキュリティ、情報セキュリティ、インシデント管理、緊急災害対策などを含む、セキュリティ管理規定の実施、ⓓセキュリティ教育、ⓔリスク分析から遵守状況のモニタリングまでを担当するスタッフ（セキュリティ部

門）と主要事業所のセキュリティ・センターから構成される組織によって、維持されていた。

　セキュリティ部門は法務部門に属していたので、倫理研修では、民事紛争に介入して利得を図る暴力団関係者のみならず、消費者団体や同和団体を名乗る人から機関誌購読の依頼や金品の要求があったときは、応じることなく、ただちに法務部門に連絡することを、実際に日本IBMで経験した例を挙げながら、社員に求めていた。また耳目をひいた事件、たとえば1971年11月、欠陥自動車被害者団体の顧問弁護士や専務理事が恐喝で起訴された日本自動車ユーザーユニオン事件（注31）、1989-90年、社長を含む取締役5名が恐喝に屈し、光進代表に対し巨額の会社資産を供与した蛇の目ミシン工業事件（注32）とともに、立法や経済界の動向、たとえば1991年5月制定の暴力団対策法、1991年9月制定の経団連企業行動憲章（1996年12月改定）などを解説し、社員の意識を高めるよう工夫していた。

　日本IBMの株主はIBMだったので、総会屋が利益供与を求め株主権行使を口実に株主総会に乗り込むことはなかった。1982年6月の日立・三菱電機による産業スパイ事件の後、総会屋3名が米国で開催されたIBMの株主総会に出席したが、発言もなく穏やかな振舞だったと聞いている。事件直後に、日本IBM本社ビル周辺に右翼の街宣車が押し掛け、拡声器で騒ぐという出来事はあったが、セキュリティ部門と本社総務部門が麻布警察署の支援を受けながら対応している。

(3) 警察との信頼関係

　企業が警察の支援を受けるためには、日頃の信頼関係が重要である。幸い、IBMの法令遵守の姿勢は警察からも評価されていたが、日本IBMは、セキュリティ体制強化のため、警視庁からベテランの警察OBの紹介を受け、顧問契約を締結していた。1995年3月20日の地下鉄サリン事件は、六本木の本社に通勤する社員が乗り換え駅として利用することの多い営団地下鉄霞ケ関を中心に死者12人、重軽傷者5500人超の大惨事であったが、幸い、社員の犠牲者はなかった。普段は霞ケ関駅を利用している私は、当日の朝はウォーキングをすることとし、有楽町線永田町駅から首相官邸前、六本木というコースを歩いて、8時10分前後には本社に着いていたので、難を免れている。この事件のあと、政府は、宗教法人オウム真理教（代表麻原彰晃こと松本智津夫）を徹底的に調査する方針をとり、警察庁も教団による様々な犯罪行為を全面的に捜査する方針で、松本が代表取締

役社長となっているパソコン製造販売会社、株式会社マハーポーシャを特許権・著作権等侵害罪の疑いで捜査の対象とし、IBMにも協力を要請してきたので、IBMは、山梨県上九一色村の教団施設の捜査に、知的所有権部門のベテラン社員を同行（出張）させたほか、マハーポーシャ社員による著作権侵害罪についても刑事告訴をして協力、のちに有罪判決がおりたことは前述した。著作権侵害事件は、パソコン用ソフトPC—DOSが13回にわたり無断複製された事件で、被害金額は数十万円程度であったが、告訴には、知的所有権者である米国IBMの知的所有権・ライセンシング部門担当副社長と協議のうえ、ⓐIBMがソフトの著作権者であることについての証明、およびⓑマハーポーシャのソフトがIBMと同一か実質的に類似していることを示す技術者の調査報告書などを相当の時間、労力、費用をかけ準備する必要があった。なお、前年6月28日に発生した松本サリン事件に関し、真犯人であるかのように信濃毎日新聞で報道され、警察の捜査も受けていた第一通報者の疑いが晴れたのは、地下鉄サリン事件発生後のことであった（注33）。

(4) 不当または過大な法的リスクの回避

　事業活動の自由は、憲法、民法等により原則的な保障を受けている。しかし法律は、さまざまな利害関係人の影響のもとで制定され改正されるので、1983年12月の「プログラム権法」構想や1993年7月のリバース・エンジニアリング問題で前述したように、IBMにとって不当または過大な法的リスクをもたらすおそれもある。また、契約も、競業避止義務をともなう機密情報開示契約（注34）、共同研究・開発・製造契約、合弁契約（注35）、排他的取引契約や情報技術取引契約等、IBMの事業活動に予期しない制約や過大な責任負担を強いることがありうる。社内弁護士は、ⓐ立法動向を注視し、事業活動を不当に拘束するおそれのある法案につき、社内での検討を促し、必要に応じ反対・修正意見を提出するという任務、またⓑ契約上のリスクを予防するために社内で作成される契約案を審査する業務を担当し、事業活動の自由を確保するため、働いていた。

(5) 弁護士の懲戒
①弁護士法の規律

　弁護士に職務の内外を問わず品位を失うべき非行があるときは、所属弁護士会が懲戒する（弁護士法56条）。何人も、弁護士に懲戒の事由があると思料すると

きは、その事由を添えて、その弁護士の所属する弁護士会に懲戒を請求できる（同58条1項）。懲戒の請求があったとき、⑧弁護士会は、綱紀委員会に事案の調査をさせ、⑥綱紀委員会は、調査の結果、対象弁護士につき懲戒委員会に事案の審査を求めることを相当と認めるときは、その旨の議決をし、弁護士会は、懲戒委員会に事案の審査を求める。ⓒ綱紀委員会が調査の結果、対象弁護士につき懲戒委員会に事案の審査を求めないことを相当とする議決をしたときは、弁護士会は、当該議決にもとづき、対象弁護士を懲戒しない旨の決定をしなければならない（58条2項ないし4項）。ⓓ弁護士会が対象弁護士を懲戒しない旨の決定をしたときは、懲戒請求者（以下「申立人」）は、日弁連に異議を申し出ることができる（64条1項）。

②社内弁護士に対する懲戒請求

　1987年9月下旬、第二東京弁護士会（以下「弁護士会」）は、私に対し、9月18日付懲戒申立書を送付し、10月8日までに弁明書を提出するよう求めた。申立人は、日本IBMを1967年6月20日に60歳で定年退職するまで、人事・労務関係文書の翻訳業務に従事していた者で、退職後7月1日からは、1年契約の嘱託として翻訳業務を受託し、契約更新が続いていたところ、1980年代になると加齢にともない約束どおりに出勤することなく、毎月の定額報酬を受けとるという態度をとるようになったため、1983年人事部が申立人と交渉し、翌年からは、申立人が約束どおり出勤すれば定額報酬と同額となるように設計した出来高払いに嘱託契約を更改した。しかし申立人は相変わらず不規則な出勤をし、翻訳量も減少したため、84年と85年に支払を受けた出来高払い報酬は、定額報酬時代のほぼ半額となった。

　1986年、申立人は会社に対し、過去2年分の定額報酬との差額360万円の支払を要求し、会社が拒絶すると、「（翻訳後は会社に返却することになっていた）会社の資料を労基署や労働組合に暴露する」という手紙を人事部長と人事担当取締役に相次いで送付した。人事部門が申立人への対応を依頼してきたので、私は、申立人の主張を確認するため、同年12月16日、第二東京弁護士会の会議室で会ったが、申立人の主張は、人事部門から聞いていたものと異ならず、「要求に応じなければ、不当労働行為、偽証、人権侵害の事実を暴露する」というものであった。私がその場で申立人に恐喝行為の中止と会社資料の返還を求めたのに対し、申立人はこれに応じず要求を繰り返すだけだったので、申立人の主張を念のため会社に持ち帰ることとし、人事部門に報告、確認後、12月24日付書面で、申立人

の金銭支払の要求には応じないと述べ、申立人が所持する会社の資料すべての返還を求めた。

その後しばらくして申立人は、会社の譲歩を期待してか、全資料を返すと言ってコピーを送ってきたが（再コピーをとって持っていたと、のちに綱紀委員会は認定している）、会社の態度は変わらなかったので、私に対し、「警察沙汰にする」とか、「本社ビルやIBMが入居している雑居ビルで爆発物を使用する」などという手紙を送り付け、1987年7月15日には全日本同和連合代表者K.I.と称する者から「何も金銭支払をしてやらないのか」などという電話をかけさせるなどの行動をとった。

③弁護士会の審査と決定

社内弁護士に対する初の懲戒請求事件で被申立人となった私は、1987年10月8日に弁明書を提出し、12月9日には綱紀委員会による1時間余りにわたるヒアリングを受けたほか、委員会からの質問に応じ、1988年1月7日までに2回にわたり回答書を提出している。申立人に対するヒアリングの状況や回数は知らない。

1988年5月16日委員会は、「本懲戒申立の理由は、被申立人がIBM社の労務問題に関連する犯罪行為の証拠としての文書コピーを破棄して隠蔽したという点に帰着する」ところ、「被申立人が申立人から返還を受けた文書コピーは（IBMの人事・労務に関するものであるが）何らかの犯罪行為に関するものとは到底認められず、被申立人の申立人との会見、申立人所持コピーの返還要求、コピーの受領は正当な行為であり、何ら懲戒の対象とならないものと判断する」と議決し、弁護士会は、当該議決にもとづき、被申立人を懲戒しない旨の決定をした。

④その後の申立人の行動

1988年5月23日、私は、人事・労務担当マネージャーから、申立人が新宿の百貨店で嫌がらせ行為をしたという第一報を電話で受け、事実を確認した25日には弁護士会（二弁）事務局に電話で報告、26日には人事部門を統括する常務取締役とともに百貨店を訪ね、申立人と日本IBMの関係を説明したうえでお詫びした。警察沙汰になっていたので、6月1日と6月13日の両日、申立人と会社の関係を説明するため、警視庁を訪ねているが、申立人は自宅に近い百貨店をIBMの顧客と思い込み、「顧客に嫌がらせをしてIBMを困惑させようと考えた」と述べたと聞いている。

⑤対応の仕方

私は、不当な要求を続ける申立人に対し、録音の用意もせず、単独で対面した

ことにつき、申立人が典型的な反社会的勢力の一員ではなく、会社と長い契約関係があった者で、暴力行為のおそれはないと考え、安易な対応をしたと反省している。綱紀委員会で申立人は、所持していた会社資料を被申立人が実力で奪おうとした、と主張したという。「脅迫、恐喝を手段とする相手には、一円も払わない」という方針を貫徹するとしても、人事部門の依頼を受けた際に、顧問弁護士への委任を勧めるべきではなかったか、申立人が爆発物に言及したとき、警察に注意してもらうべきではなかったか、第三者が対応すれば、百貨店売り場での威力業務妨害行為はなかったであろうか。なお私は申立人の年齢（81歳）などを考慮し、恐喝行為の刑事告訴を会社に勧めなかった。

(6) 反社会的勢力への対応
①法意識と法制度の変化

総会屋や暴力的集団（暴力団）などの反社会的勢力が利得を図り、企業や市民間の民事紛争に介入する行為は、1981年の商法改正で、会社が株主に対し株主の権利の行使に関し財産上の利益を供与する行為および株主が利益の供与を受ける行為に刑罰を課すこととなり（旧商法497条、2006年施行の会社法970条、120条1項）、また1991年制定、翌年施行の暴力団対策法（暴力団員による不当な行為の防止等に関する法律）が暴力団員による暴力的要求行為を規制するようになって、市民や企業が反社会的勢力に対する排除意識を確実に深めつつあると認識される状況となり（1996年12月17日「経団連企業行動憲章実行の手引き」）、今は、「企業が反社会的勢力による被害を防止するための指針」（2007年6月19日犯罪対策閣僚会議幹事会申し合せ）が求めたように、反社会的勢力との関係遮断は経営トップの責務であるという認識が定着している。

②IBMへの反社会的勢力の介入

AS/400のカスタマー（大阪のシステム開発会社）のシステム・アップグレードをめぐるクレームにつき、IBMが要求に応じなかったところ、反社会的勢力が介入してきた。その第一報が1982年8月23日営業管理部門から届いたので、私が社内の関係者と会って話を聞いたところ、カスタマーが不当な要求をしていると判断されたが、念のため、カスタマーに直接会って確認することとし、25日カスタマーの社長に電話し、会う約束をするとともに、民事介入暴力（民暴）に備えるため、セキュリティ顧問に警察への根回しを依頼したほか、民暴対策で名の知られた弁護士に相談することとし、27日K弁護士を訪問、業務妨害行為があった

場合の対応を依頼した。9月9日、社長と同伴者が日本IBM本社（六本木）に来訪、私と同僚の弁護士、営業関係スタッフ2名の計4名で2時間半にわたり、社長らの話を聞くとともにIBMの見解を述べたが、口頭でのやりとりだったので、最終的には10月1日にIBM大阪事業所で会って回答することにした。回答書を用意し、弁護士両名で臨んだ当日の会議は双方が従来の認識と見解を繰り返すものであったので30分で終わった。物別れで会談が終わることは予想していたので、私たちは予約しておいた所轄警察署を訪ね、状況を説明するとともに、業務妨害が行われたときの対応を依頼した。同月4日は、朝からIBMで報告会議、クレームに関するIBMの認識を再確認したところで、大阪のM弁護士に電話、同日18時に法律事務所を訪問し、事案を説明し対応を依頼、M弁護士からカスタマー宛内容証明郵便の原案作成を依頼されたので、帰京後、ⓐM弁護士はIBMの代理人としてカスタマーと交渉するための全権限を与えられたこと、ⓑIBMはカスタマーの要求に正当な理由がないと判断していること、ⓒ今後、IBMに対するクレームはすべてM弁護士が唯一の窓口となるので、IBMには連絡せず、M弁護士にのみ連絡すべきと述べた原案を作成、M弁護士は、原案に受任者として他の法律事務所の弁護士数名を加えて、カスタマーに発送した。数日後、M弁護士のもとに、反社会的勢力から「先生がIBMの依頼を受けたのだったら、本件からは手を引く」という電話があり、一件落着となった。

(7) クレームと訴訟

①ユーザーとの関係

　顧客（ユーザー）からの苦情（クレーム）が損害賠償の請求など、営業部門の権限外の要求をともなう場合には、営業管理、財務、法務など関連部門の参加するカスタマー・クレーム検討会議を開催し、合理的な対応をしていたので、私の在任中、ユーザーが日本IBMを訴えた例はなかった。一方、日本IBMからユーザーに対し訴訟を提起した例が二件ほどある。一件は、倒産したユーザーとの債権債務関係を確定するための訴訟（第7章2参照）、他の一件は、オフィスコンピュータを購入したユーザー（中小企業）の社長が1年余りアプリケーション・プログラムの仕様を日本IBMと協議していたが、仕様を決定することができず、契約を解除し、代金の支払を拒絶した事件で、日本IBMが1993年大阪地裁堺支部に提起したAS/400等の代金3603万円を請求した訴訟である。この訴訟は争点整理後、1994年から人証の取調べに入り、1997年11月27日IBM勝訴の判決で終了し

た。ほかにもIBM関連会社（被告）から依頼され、社内弁護士で対応した事件がある。被告のOCRソフトを購入した個人事業主（原告）が、相互接続性を確認せずに、他店でNECのノートブック型パソコンや周辺装置を購入したため、使いものにならず、被告の虚偽表示を理由に全製品の購入代金と費用90万円の損害賠償請求訴訟を起こしてきた。千葉簡裁で被告勝訴の判決を得たが、原告が控訴、千葉地裁でも1997年 1 月16日被告実質勝訴の和解で終了した。

　②サプライヤーとの関係

　日本IBMは、サプライヤーとの取引でも契約書を取り交わし、代金は納品後60日以内に銀行振込で支払うことにしていたので、サプライヤーから訴訟を起こされたことはなかった。下請代金支払遅延防止法が適用されるサプライヤーとの取引では、納品書・請求書の不備など納品をめぐる問題で支払いが遅延することがあり、公取委に下請法違反の申し立てが行われたことが数件あった。いずれも公取委に事情を説明し、必要に応じ数千円程度の遅延利息を支払って解決している。

　知的所有権訴訟、その他の訴訟事件については、他の章で紹介した。

5. ネットワーク社会の法と倫理

(1) インターネットとGII構想

　1993年インターネットの商業利用が開始され、「1995年までに、ネットスケープ・コミュニケーション社の人気ブラウザーの登場で、インターネットとワールド・ワイド・ウェブが立ち上がっていった。接続能力は処理能力と同じくらい重要」になった（注36）。1999年までにインターネットの利用人口は、全世界で 1 億7100万人、うち北米で9700万人、ヨーロッパで4010万人、アジア・太平洋で2700万人（うち日本は1700万人）、アフリカ110万人、中東で90万人となっていた。

　この間、1994年 3 月の国際電気通信連合（ITU）総会で、ゴア米国副大統領が世界情報基盤（GII）構想を提唱、1994年 9 月、国際情報産業会議（GII民間三極会議）は、ⓐ民間主導と競争導入、ⓑグローバル・インターオペラビリティ、ⓒプライバシーとセキュリティ、ⓓ知的所有権の保護、ⓔユニバーサル・アクセス、ⓕ政府研究開発へのアクセス、ⓖ市場アクセス、ⓗ発展途上国への公共投資からなる、「世界情報基盤に関する共通見解」を発表、1998年には、ⓐ民間主導、

ⓑ不要な政府規制の抑制、ⓒ民間の自主規制の政府による奨励、ⓓ国際的な協力・協調を基本原則とする「電子商取引に関する日米共同声明」が発表されている。

(2) IBMの見解

　GIIに関する共通見解や電子商取引に関する日米共同声明は、IBMも支持していた。椎名会長は、1994年12月から「相互運用性と標準化」をテーマに開催された産業構造審議会・情報産業部会の会議で、ⓐデジタル化とグローバル・ネットワークの時代には、知的所有権保護の実効性の確保が肝要であり、知的所有権の保護を弱める法改正には反対する、ⓑマルチメディア社会を理由とする著作権処理集中機構の設立は不要であり、市場原理や市場機構にまかせるべきである、ⓒ標準化は、民間主導のオープン・プロセスにより検討すべきであり、政府の介入は不要である、ⓓ標準化にとって重要であるとか、重要なインターフェースであるという理由で、企業に対し知的所有権を強制的に提供させるべきではない、ⓔ相互運用性を理由に、コンピュータ・プログラムのリバース・エンジニアリング（逆コンパイル、逆アセンブル）を合法化すべきではない、という見解を表明している。またプライバシーとセキュリティに関しては、私に機会が与えられたときは、微力ながら、民間部門についての個人情報保護法制定の必要性（注37）、不正アクセス処罰立法（注38）、電子署名法制定（注39）の必要性を訴えていた。

(3) インターネット倫理

　IBMは、1980年代から業務用にネットワーク情報通信システム、Professional Office System（PROFS）を運用していた。また1981年の発売開始以来、PCを業務用に使用するとともに、個人用に購入・利用する社員も増えていた。

　このような環境下で見直されたBCG（1983年版）は、ⓐ社内情報システムの私的利用を禁止し、ⓑ業務用ソフトウェアを取得するときは、社内手続きを経る必要のあること、ⓒ個人的に取得したソフトウェアの社内持ち込みの禁止、ⓓ機密情報の適正管理、とりわけ、不注意による機密情報の開示を避けるべきこと、ⓔ近親者が情報産業で働いている場合には、機密情報を漏洩しないよう注意すべきこと、ⓕ個人所有のPCでIBMと競業することも禁止、ⓖ会社のリボン、磁気テープなどのサプライ用品の私的使用の禁止、ⓗ勤務時間とIBM資産の私的利用の禁止などを明記した。さらに1989年版BCGは、ⓐIBMが著作権または使用権

を有する著作物を除き、すべての著作物の社内での複製または配布を禁止し、ⓑ社員のプライバシー保護の規定を追加している。

BCGの配布にとどまらず、社内研修でも、インターネット倫理遵守の必要性を社員に訴え、ⓐ著作権、商標権、意匠権などの知的所有権、ⓑ肖像権、パブリシティーの権利、ⓒプライバシーの権利、ⓓ名誉・信用を尊重すること、ⓔ機密情報の適正管理、ⓕ人種、肌の色、性による差別的表現の禁止、ⓖ公序良俗に反する表現の禁止、ⓗ社内システムを用いた政治的意見・個人的意見の発信の禁止、噂話（rumors）についてはノーコメントの態度を貫くこと、ⓘ業務外で社員が個人的な意見を表明するときも、IBMの見解と誤解されないようにすること、ⓙ社内システムは業務用のものであるので、ショッピング・サイトやポルノ・サイトへのアクセスなど私的に利用しないよう、求めていた。

(4) 米国司法におけるコンピュータの利用状況

インターネットの時代になって、日本弁護士連合会（日弁連）は、1996年にホームページを開設した。同年、日弁連コンピュータ研究委員会（委員長丹羽一彦弁護士）は、司法界における情報技術利用の参考にするため、米国司法界における利用状況を調査する計画をたて、視察調査団が9月28日から10月12日にわたり、アメリカ法曹協会（ABA）、連邦最高裁判所、連邦裁判所行政局、マサチューセッツ地区連邦地方裁判所、州裁判所全国センター、「21世紀の法廷」（ウィリアム・アンド・メアリ大学ロースクールと州裁判所全国センターの共同プロジェクト）、ハーバード・ロースクール、スタンフォード・ロースクール、ウェスト・パブリッシング・カンパニー、法律事務所（フィッシュ＆リチャードソン、モリソン＆フォスター、グラハム＆ジェームス）、公開鍵方式を利用する電子署名認証サービスを提供するベリサイン社を訪問、調査したほか、ロータス・デベロップメント社法務部では、ロータス・ノーツなどを視察、ソフトウェアの無断複製を抑制するため、ロータス社も加入しているBSA（Business Software Alliance）の活動状況についての説明も受けた。

ABAでは、ここ2、3年で法律家にインターネットの利用が普及し、1996年には40％の法律家が利用していること、会員の情報技術学習を支援するため法技術センターを設置していること、暗号技術を利用した電子署名・認証制度に関し「デジタル署名ガイドライン」を作成、公表したことなどの説明を受け、また連邦最高裁判所では、最高裁が下した判決や命令を即時に外部（法律図書出版社、

新聞社、大学等の21加入団体）に配信するハーミーズ（Hermes）システムを視察、連邦裁判所行政局では、公衆が電子的に裁判所の情報にアクセスできるシステムを1980年代に開発しており、視察当時には年間600万件を超えるアクセスのあること、州裁判所全国センターでは、訴訟事件管理システム（Case Management System）の説明を受け、「21世紀の法廷」では、事実審でも法律審でも利用可能となるシステムの開発を目標としていること、1996年3月には、合衆国軍事控訴裁判所が実際に利用し、5人の裁判官のうち3人は「21世紀の法廷」で、2人は所在地から対話型ビデオとシステムで審理に参加したという説明を受けている。

　帰国後にまとめた委員会の報告書は（注40）、最高裁の事務局にも届けたが、裁判情報の公開についても、「全部を公開する必要はない。裁判所は必要と判断したものを公開している」という反応で、委員らは、「道なお遠し」の感を抱いた。

6. 社内弁護士の依頼者

(1) IBM社員、プロボノ、弁護士会

　社内弁護士は、会社との雇用契約にもとづき、事業活動が法的利益を確保しつつ適法に行われるよう、会社のために法律事務を遂行する従業員（社員）である。会社は、弁護士を法律専門家として雇用しているので、社内弁護士の依頼者は会社である。弁護士は、会社以外の者からの仕事を受けない。この原則に関し、日本IBMは、1995年1月の神戸・淡路大震災の時に例外を設け、被災した関西地区社員の法律相談に応じるため、大阪事業所に1週間スタッフ弁護士1名を派遣し個人的な法律相談に応じる体制をとったことがある。

　米国IBMでは、社内弁護士が多いので、弁護士の申し出があるときは、年50時間程度の無償弁護士活動（プロボノ）を認めていた。日本IBMでは、弁護士が少なかったため、プロボノは引き受けず、弁護士会が公益活動とみなす委員等に就任することを認めていた。私も所属する第二東京弁護士会の各種委員会の委員、常議員、監事（1991年度）、日弁連のコンピュータ研究委員会委員などを引き受けたことがある。

(2)　利益相反行為、違法行為

　両当事者間の利益が相反する内容の行為（利益相反行為）については、それぞれの利益を守るため、一方が他方を代理したり、1 人が双方を代理することが禁止される（民法108条）。一般社団法人や一般財団法人の理事の場合も（一般社団法人及び一般財団法人に関する法律84条 1 項 2 号、3 号、197条）、また取締役の場合も（会社法356条 1 項 2 号、3 号、365条）、同様の規制がある。IBMの行動規範（BCG）が、社員に利益相反行為を禁じていることについては前述した。

　社員が会社の金品を窃取したり横領する犯罪行為も利益相反行為といえるが、問題の性質上、事前相談はなく、内部統制システムをくぐり抜けた犯罪行為が発覚してはじめて、事後的に対応することになる。

　犯罪を会社が告訴すれば、警察は犯人逮捕時に事件を公表する（注41）。小さな犯罪でも恥ずかしいことであるが、私は「企業不祥事とは、ⓐ役員・執行役員が承認・黙認した企業犯罪、またはⓑ会社の財務報告に重大な影響を及ぼす（上場会社であれば、株価に影響を与える）ような内部統制システムの不備」と定義し、倫理研修の機会にも、「小さな不正行為は内部統制体制が整備されている企業でも生じることであり、要は、発生した場合に適切な措置がとられ体制の見直しが行われることが肝要」であり、不祥事が発生したとき、企業トップは「自分は性善説で経営しているのに、信頼を裏切られた」などというべきではない。人間が不注意で誘惑に乗りやすいことを認識せずに、経営しているのか、と笑われるからと話していた。

　日本IBMの社長は、オーナー社長ではないので、弁護士が違法という事業計画・事業活動を強行するおそれはなかった。さまざまな法律の中には、あいまいで解釈の定まらない規定もある。そのような場合にも、「これは法律の規定がグレーな領域の問題ですので、社長がご判断下さい」と、私が言うことはなかった。法律判断は社内弁護士の責任であり、社長にその責任を押し付けるのは、責任放棄である。立法趣旨や判例の動向を考慮し、必要な場合には顧問弁護士やその法律分野に詳しい大学教授の意見をもらい、必ず適法・違法の意見を述べるようにしていた。このような意味で、私は、「社内弁護士は、社内の最高裁判所」と考えていたのである（注42）。

(3) 売上の実在性

①売上計上の基準

　研究、開発、調達、製造、販売は、IBMの事業活動の基本であるが、このうち販売業務については、顧客の信用調査から受注、出荷、入金まで常識的な管理手法がとられており、売上は、法的強制力のある契約（firm order）に顧客が調印し、IBMが製品・役務を顧客に提供した時点で計上した。

②問題行動と善後処置

　1980年12月、ある営業部門の営業担当員（MR）と営業課長が顧客の契約締結権限のない室長名義で作成したIBM4331賃貸借契約書をIBMに提出し売上を計上させた逸脱行動に始まる事件は、翌年、顧客から大規模システム案件の話があった際、大型コンピュータのレンタルやソフトウェアと他社製周辺装置の無償提供を要求されたので、IBMに無断で顧客の条件どおりの契約書を偽造する行動に拡大、IBMへの入金がとどこおりなく行われるよう、リース会社を関与させるなどの工夫をし、入出金の流れに顧客やIBM管理部門が不審を抱かないよう腐心するMRの業務処理は複雑な様相を呈するようになる。1983年5月、社長の手元に匿名の内部告発が届く。6月、社長の依頼を受けたゼネラル・カウンセルは、課長に昇進していたMR、営業部長、上級管理者（営業本部長相当）をインタビューするが、口裏を合わせていた全員が不正行為の存在を否定し、一見非の打ちどころがない契約書一式を見せたので、内部告発が指摘したような不正行為は存在しなかったと、社長に報告する。8月、会社は念のため、全営業部門に不適正契約の自主申告を促す措置をとる。自主申告を望んだMRは、営業部長に止められる。11月、自らの行動の後始末に苦慮していたMRが会社に自主申告したため、法務部門による再調査が始まり、私がMRの話を原稿にまとめ、同月27日（日）の午後、大きな窓に面した法務部門の大会議室でMRに検討のうえ自筆の確認書を提出してもらい、その後、人事部門などの関連質問や補足質問を受け、12月15日までにさらに3通の確認書を提出してもらった。本人自筆の確認書の作成という実務は、労働法専門弁護士の助言にもとづく人事部門からの要求であったが、私が確認書の原稿を作成したのは、企業倫理や法令上問題となる行動にフォーカスした確認書作成のため必要な下準備であり、私は常にそうしていた。この年の師走は、同僚弁護士の協力も得ながら他の関係者のインタビューも実施したので、多忙をきわめ、ビジネス・ホテルに2泊、休日出勤5日とほとんど本件にかかりきりになった。翌年もインタビューは続いたが、事案の概要がまとまった

1984年1月中旬、人事部門が労働問題で長年相談してきた3法律事務所を労務担当マネージャー、ゼネラル・カウンセル（GC）と私の3名で訪問し、懲戒処分案について意見を求めた。

　顧問事務所の意見が出そろった1月20日、人事処分の検討が、社長、社長補佐、財務・管理担当常務、人事担当常務、人事部長、労務担当マネージャー、GCと私が出席し、4時間あまりにわたって行われた。その際、参加者からは、（本人自筆の確認書の存在にもかかわらず）「法務部門の事実認定は誤っている。上級管理者は、自身の関与を否定している」との発言や、「会社の従前の慣行を踏まえたうえで、裁判所が許容する懲戒処分の限度」という顧問弁護士意見の求め方を不当とする批判が出ている。その夜、私は外部での会議があったため、19時前に退社したが、翌朝、GCから「昨夜は、（事実を隠ぺいした）上級管理者の処分をめぐり、会社に残したい社長との間で激しい応酬があった」と聞いた。このケースは、顧客調印の契約を履行したIBMでは多額の損失処理が必要となったので、調査の推移を注視していた親会社が、社長とGCの意見の相違を調整することとなり、私が（業務多端を理由にGCから依頼され）、社長とともにニューヨーク州マウント・プレザントのA/FEに出張し、1月28日（土）、ラルフ A. ファイファー会長に法務部の意見を述べた。なお、人事担当常務、財務部長、労務担当マネージャーも社長に同行した。結局、人事問題は、上級管理者の貢献には報いるが、雇用関係は終了させるということで決着した（注43）。社長も他界され（注44）、往時の記憶が失われる中、善後処置検討の過程を記録にとどめた。

（4）社内調査

　営業部門は強力な部門だった。25年間の在職中、法令や倫理に反する疑いのある行為が営業部門で発生し、営業関係者が事実を認めようとしない場合、管理部門や人事部門は、法務部門に調査を依頼するのが常であった。

　営業関係者の給与は、生活保障部分と営業成績に応じ支給されるインセンティブ部分とからなるが、平均すると一般社員よりも高い給与を得ていた。IBMの事業年度は1月1日から12月31日までなので、年度の後半になると売上目標達成のため、営業は追い込みにかかる。正規の契約が締結され、製品が出荷されると、IBMは年度の売上に計上し、営業は目標の達成に近づく。1983年10月のこと、管理部門から営業部門が提出した契約書上の顧客の記名捺印が契約権限者のものか疑いがあるので調査してほしいという依頼があった。私が営業担当員、営業課

長、営業所長、営業本部長と尋ねても、契約締結権限のある課長の記名捺印であるという。しかし、管理部門は納得しない。営業成績を上げる目的で架空の売上を計上する行為は、一般の企業でも起こりうることである。しかし疑わしいケースを放置することは、内部統制上許容できない。「事業部の部長がその部下である営業担当者数名と共謀して、販売会社の偽造印等を用いて注文書等を偽装し……財務部に架空の売上報告をさせた」日本システム技術（株主代表訴訟）事件判決で、最高裁は、「通常想定される架空売り上げの計上等の不正行為を防止し得る程度の管理体制を整えていた」代表取締役には「リスク管理体制を構築すべき義務に違反した過失があるということはできない」と判示しているが（注45）、これは1983年当時にも通用していた基準といえる。社内で契約管理手続を所管する管理部門が疑問を解消できない以上、調査を徹底するほかはない。顧客企業の監査役M.S.氏は、寮生活時代の一年後輩で交流もあったので、営業本部長に電話し、「念のため顧客の監査役に確認しても良いか」と聞くと、「どうぞ」という。早速、監査役に電話し、調査を依頼したところ、快く引き受けてくれ、数日後、私を訪ねてきて、「IBMの営業が、『年末が近いので助けると思って契約書に判を押してほしい、決して迷惑はかけないから』と言って頼むので、契約権限のない課長が判を押した」、という。有効な契約ではないことが確認できたので、IBMは、無駄な製品出荷や、架空の売上計上をしないですんだが、営業本部長からは、「顧客の課長が親切心で営業の頼みを聞いてくれたのに、顔をつぶしてしまった。まさか本当に監査役に尋ねるとは思わなかった。顧客との関係をどうしてくれる。あんたは、いったい誰のお蔭で食っていけると思っているのだ」という電話がかかってきた。私は、「開発・製造部門を含む、全社員のお蔭で生活できると思っている。もちろん、顧客や株主のお蔭もある」と回答して会話を終えた。営業分野ごとに任命されていた営業本部長の一人の言動にすぎないが、営業部門の「自負心」に驚いた出来事だった。

　IBMは、1970年代までコンピュータを直販方式でユーザー（顧客）に提供してきたが、1982年3月特約店制度を発足させ、15社と契約、翌月には特約店（兼松江商）が事務機器の販売を開始、同年9月には兼松江商との共同出資で日本オフィス・システム株式会社（NOS）を設立、特約店の取扱う品目もシステム23から徐々に拡大する。1983年1月には、オリエント・リース、モルガン・ギャランティとの合弁会社、コンピュータ・システム・リース株式会社が設立される。この間、顧客にもリース会社の利用が増えていた。事業環境が変化する中で、営

業担当員（MR）がリース会社を取引に関与させると、契約書偽造問題も複雑化する。IBMが販売しかしないコンピュータについて、顧客が営業担当員に対し、「レンタルでなら使ってもよい」と言ったとする。売買契約で営業成績を上げたいMRは、リース会社を介在させて、顧客がIBMに支払うつもりのレンタル料金をリース会社に対するリース料金の支払に充てるスキームを思いつく。リース会社が顧客から買い取ったコンピュータの代金をIBMに振り込めば、IBM社内で疑われることもないと考える。このスキームは顧客がレンタル料金をリース契約の全期間にわたり支払い続けることを前提にしているので、顧客がレンタルを解約することで、不正は隠しきれなくなる。この種の事件が発覚した1983年の翌春、1984年3月から、IBMは健全な事業活動を推進するための社内研修（Sound Business Leadership）を対面とビデオで実施、4月からはIBMにおけるリース関連の契約実務をリース会社に説明のうえ、空リースを防止するため、代金を支払う前に顧客に出向き、コンピュータが設置されていることを確認してほしいと要望している。

　米国IBMでは、問題行動の存在が疑われると、弁護士ではなく、上司が調査し、問題を是正する。真相を究明できない上司は無能と評価されるので、真剣な調査が行われるという。日本IBMでは、営業部門が強い組織であることと相まって、「将来ともそこで仕事をせざるをえないこと、共働していることから生じるかばいあい、真実を話した場合の社内での仕返しのおそれ、皆でやっているので処分が軽い、罪の意識の低さ、隠ぺい（cover-up）への処分の軽さ、時間と人員の関係で法務が徹底的な調査のできないこと、警察のように心理的圧迫を受けないこと、営業所長以上は法務のスタッフより収入・部屋などの待遇が良いことからくる間違った優越感（会社の営業部門優遇方針）、ファイル調査の不完全、顧客と直接連絡できないことからくる顧客との関係についての嘘（がつきやすいこと）」（注46）などの影響で、社内調査は難航するのが常で、弁護士が担当していたが、楽しい仕事ではなかった。しかし財務の健全性に幾ばくかの貢献はしたのではないかと考えている。なお私の退職後、社内弁護士は社内調査を担当しないことになったと聞いた。

(5) 正確な記録と報告

　どのような事業体であれ、健全な組織を維持するためには「情報の記録と報告は、正確かつ正直に行われなければならない」（1983年版BCG）。とりわけ経営

トップは、「明解で法的強制力ある契約の締結」が行われているか、注意する必要がある（COSO参考マニュアル）。契約締結権限のない顧客企業課長に記名捺印してもらった契約書を正当な契約書と偽って日本IBMに報告してインセンティブ報酬を得れば、私文書偽造（官公庁顧客の場合は、公文書偽造）、同行使、詐欺の罪に該当する。契約金額が多額にのぼれば、IBMに有価証券報告書虚偽記載という重大な問題をもたらす。管理職研修、営業社員研修では、売上と費用の実在性など、正確な記録と報告の重要性を説くようにしていた（注47）。

(6) スピークアップとオープンドア

　IBMは、社員が法律上または倫理上の問題があると思う事態に気づいた場合には、会社の注意を喚起できるように複数の方法を設けていた。社員は、自分の所属長への報告や法務部門への相談のほか、会社の上層部に直接伝える「スピークアップ・プログラム」、会社のどのレベルの人にでも問題を提起できる「オープンドア・ポリシー」という制度も利用でき、IBMは、社員が提起した問題のすべてをただちに調査すること、および「問題を知らせた社員に対する、脅し、報復、仕返し等の行為を断じて許しません」と約束していた（1992年版BCGの記載によったが、入社当時から制度は存在していた）。

　わが国が公益通報者保護法を制定したのは、2004年であるが、それ以前から裁判所は内部通報者に対する不利益取り扱いを違法、無効と判示していた（注48）。内部通報体制を整備し、有効に機能させる責務を負う経営トップは（注49）、ⓐ社員が自由闊達に意見を言える組織風土を維持するとともに、法律の細目にかかわらず、ⓑ内部通報者の身元の守秘と、ⓒ通報者に対する報復の禁止を徹底すべきである。

注 1　大阪地方裁判所2000年 9 月20日（大和銀行事件）判決・判時1721号 3 頁

注 2　トレッドウェイ委員会組織委員会（鳥羽至英・八田進二・高田敏文共訳）「内部統制の統合的枠組み　理論篇」および「ツール篇」（白桃書房、1996年）。「内部統制の統合的枠組み」（1992年）は、2004年 9 月、事業環境の変化に対応するため、組織を取り巻くリスクを特定、分析、管理する重要性が高まったことを受け、内部統制の目的に「戦略」、構成要素に「目的設定」、「事象の識別」、「リスクへの対応」が追加され、全社的リスクマネジメント ―― 統合的フレームワーク（Enterprise Risk Management――Integrated Framework）に発展している、経済産業省企業行動課編「コーポレート・ガバナンスと内部統制～信頼される経営のために～」（財団法人経済産業調査会、2007年）参照。また2013年 5 月には、内部統制の目的のうち「財務報告の信頼性」を「報告の信頼性」に改め、1992年の枠組みを再構成して17の原則にまとめた、新たなCOSO内部統制統合フレームワークが公表された。八田進二・箱田順哉（監訳）「内部統制の統合的フレームワーク　フレームワーク篇」「ツール篇」および「外部財務報告篇」（日本公認会計士協会出版局、2014年）

注 3　たとえば、企業会計審議会・内部統制部会「財務報告に係る内部統制の評価及び監査の基準の在り方について」（2005年12月 8 日）。なお、事業体の目的に資産の保全を、基本的要素にITへの対応を追加している。

注 4　「ツール篇」（前掲）59、144 - 147頁

注 5　「企業内弁護士協議会」発足、二弁ニュース154号（第二東京弁護士会、1994年 3 月20日） 3 頁。「法務マン、表舞台に」（日本経済新聞1997年11月 3 日）は、当時の社内弁護士の数を30名という。なお営業許可制度は、2004年に廃止され、届出制になった。

注 6　「組織内弁護士」は、企業内弁護士が2418人、任期付公務員は238人（2019年）という。中本和洋「弁護士の活動領域の拡大とその課題」法の支配200号（2021年 2 月） 2 頁参照

注 7　大和銀行事件判決（前掲注1）39頁

注 8　村上政博「独占禁止法（第10版）」（弘文堂、2022年）102 - 120頁

注 9　公取委2008年 2 月20日命令・審決集54巻512頁

注10　最初の刑事事件は、東京簡裁1990年 9 月26日（日新汽船株式事件）略式命令（資料版商事法務81号35頁）。その後、最高裁1999年 2 月16日（日本商事株式事件）判決（刑集53巻 2 号 1 頁）、最高裁1999年 6 月10日（日本織物化工株式事件）判決（刑集53巻 5 号415頁）と続く。なお、最後の事件は、1996年 7 月31日日本経済新聞夕刊の社会面で、「問われる弁護士モラル、インサイダーで逮捕、立場悪用、特効薬なし」と報道された。なお証券取引法は、2006年改正で金融商品取引法と改称されているが、2014年施行の改正では、内部者が未発表の重要事実を利益を得させまたは損失の発生を回避させる目的で伝達する行為および取引を推奨する行為を禁止した（167条の2）。

注11　毎日新聞1999年 5 月27日夕刊

注12　椎名履歴書（10月15日）。三井信雄「見えない国　見えないルール」（前掲第 1 章注9）195頁は、「ある日、韓国の大手企業から私宛に白磁の壺と時計が贈られてき

た。」送り主の企業に返そうとしても受け取らないので、結局、「慈善団体に寄付することになった」と述べている。BCGの遵守が求められたほかに、贈与・接待に使える交際費予算も少なかったので、商事賄賂や賄賂が社内で問題となることは稀だったが、ある社団法人が検討中の情報センター構想に関し、IBMの営業担当社員がシステム開発会社（JIR）と共同で受注活動をするため、JIRに工作資金700万円を用意させ、うち100万円を着服したという事件が発生している。受注活動が失敗に終わったのち、JIRが得べかりし利益など1億円超の損害賠償をIBMに請求した訴訟で、裁判所は社員が着服した100万円についてのみIBMの損害賠償責任（使用者責任）を認め、100万円の損害賠償を命じている（東京地裁1993年6月25日判決、翌日の朝日新聞で報道）。その後の社員研修で、IBMは協力会社を利用した倫理問題も起こすことがないよう、社員の注意を喚起している。

注13　浅田正彦編著「輸出管理——制度と実践」（有信堂高文社、2012年）181－184頁

注14　1987年3月に表面化した東芝機械事件は、外為法にもとづく輸出規制の対象となっている同時9軸制御が可能な工作機械を規制対象外の低性能の工作機械であると偽って、通産省の輸出許可を受け、貿易商社を介してソビエト連邦技術機械輸入公団へ輸出したという、外為法およびココム規制違反事件で、ソ連の潜水艦のスクリュー音がとらえにくくなった安全保障上の問題として、米国社会から親会社の東芝も非難され、東芝のトップ2名が辞任するという、大事件であった。東京地裁は1988年3月22日、外為法違反罪を認定し、東芝機械に罰金200万円、幹部社員2名に懲役刑（執行猶予付）を課したが、判決前の論説、松下満雄「ココム規制と外為法改正」法学教室87号（1987年12月）80－81頁は、当時の外為法の不備を鋭くついている。

注15　松下（前掲注14）81頁

注16　牟田口常務は通産省勤務時代、北川課長の上司だったことがあり、課長は駒場寮時代（1958年4月－1959年3月）以来の私の友人（1996年10月11日死去）

注17　風木淳・大川信太郎編著「詳解外為法　貿易管理編」（商事法務、2022年）45－123頁、包括許可制度の導入から2021年までの歴史につき、118－119頁

注18　ケビン・メイニー、スティーブ・ハム、ジェフリー・オブライアン「世界をより良いものへと変えていく」（ピアソン桐原、2011年）120－122頁、IBMが参入するまでは、パソコンは趣味用だった。なお、1980－84年の日本におけるパソコン利用を「ホビーユースの時代」という。武田晴人編「日本の情報通信産業史　2つの世界から1つの世界へ」（有斐閣、2011年）133－135頁参照

注19　大塚直「環境法（第4版）」（有斐閣、2020年）5－14頁

注20　静岡大学人文社会科学部・地域創造学環編「大学的　静岡ガイド：こだわりの歩き方」（昭和堂、2019年）199－204頁（日詰一幸教授執筆部分）

注21　富山地方裁判所1971年6月30日（イタイイタイ病事件）判決・判時635号17頁、名古屋高等裁判所金沢支部1972年8月9日判決・判時674号25頁、新潟地方裁判所1971年9月29日（新潟水俣病第1次訴訟）判決・下級裁判所民事裁判例集22巻9－10号別冊1頁、津地方裁判所四日市支部1972年7月24日（四日市ぜん息事件）判決・判時672号30頁、熊本地方裁判所1973年3月20日（熊本水俣病第1次訴訟）判決・判時696号15頁

注22　J.R.マクニール「20世紀環境史」（名古屋大学出版会、2011年）268 − 269頁

注23　山本和夫・国部克彦「IBMの環境経営：世界共通の環境マネジメント・システムでグローバルな対応を実践」（東洋経済新報社、2001年）48頁、以下、IBMの環境保護活動については同書と「IBM環境・ウェルビーイング・プログレス・レポート2001」に依拠した。

注24　山本・国部（前掲注23）104 − 105頁。なおラブ・カナル事件とスーパーファンド法につき、同書20 − 22頁、80 − 81頁、加藤一郎他監修・安田火災海上保険（株）他編「土壌汚染と企業の責任」（有斐閣、1996年）9 − 12頁

注25　ベル・テレフォンとタイム社も、同時期に同様の措置をとった、ジリアン・トーマス（中窪裕也訳）「雇用差別と闘うアメリカの女性たち：最高裁を動かした10の物語」（日本評論社、2020年）133 − 135頁

注26　法務部門勤務の女性社員（事務職）が、前の職場では男性社員が「女性のお尻をぽんと叩くことがよくあった」が、「まあ、ごあいさつね」と言う程度のことしかできなかったと述懐している。「女性の部下の胸や尻に触る、卑わいな言葉をかけるなどの性的行為」に不法行為責任が生じることにつき、東京地方裁判所1996年12月25日判決などの裁判例がある。菅野和夫「労働法（12版）」（弘文堂、2019年）282頁参照。職務を利用したセクシュアル・ハラスメントは、発注者とサプライヤー（業者）との関係でも生じる可能性があるので、IBMは、IBM施設内で業務を提供するサプライヤーに対し、セクハラを受けたときの相談窓口を文書で知らせていた。法律事務所でも、女性弁護士が依頼者から性的関係を要求されたり（ニューヨーク州知事キャシー・ホークルが、法律事務所の勤務弁護士時代に日本の依頼者との夕食でショックを受けた体験を語った、TIME, October 11/October 18, 2021, 14頁）、東京のある法律事務所を営業のため訪問した日本IBMの女性営業担当員（MR）がパートナー弁護士から取引の条件として性的関係を求められるという事件が生じている。発注者も業者側従業員の人格権を尊重すべきである。

注27　雑誌社の編集長が有能な部下の女性の異性関係の乱れを吹聴して、退職に追い込んだ事件。福岡地裁は1992年4月16日の判決（判時1426号49頁）で、上司の行為は女性の人格権を侵害する不法行為であると認定、上司と会社に損害賠償を命じた。

注28　英語版からの和訳は、顧問法律事務所に依頼していた。

注29　拙稿「企業倫理遵守プログラム」日本経営倫理学会誌第2号75頁（1995年）

注30　頓宮孝一「IBMにおけるグローバルな知的所有権の保護と管理」（特許管理41巻4号、1991年）415 − 425頁

注31　ユーザーユニオンは、1970年4月、欠陥車の被害者を支援する目的で結成された。1971年11月、東京地検は顧問弁護士と専務理事を恐喝の疑いで逮捕、東京地裁は1977年8月12日、弁護士に懲役3年、専務理事に2年の実刑判決を下したが（同日付朝日新聞夕刊）、東京高裁は1982年6月28日付判決で、1970年6月に発生したホンダN360の事故につきホンダが8000万円を支払った件は、正当な示談交渉にもとづく支払であると認め無罪、他の6件について恐喝罪と恐喝未遂罪の成立を認めたうえで両名を執行猶予付の懲役刑に減刑（刑事裁判月報14巻5 = 6号324頁）、1987年1月21日最高裁で有罪が確定した。

注32　取締役5名に対する株主代表訴訟は、1993年8月に提起されたが、「会社経営者

は」、恐喝行為がされた場合には、「法令に従った適切な対応をすべき義務を有する」という、最高裁2006年4月10日判決（判時1936号27頁）にもとづき、東京高裁2008年4月23日判決（資料版商事法務291号60頁）は、取締役5名に583億6039万円の損害賠償責任があると認めた。なお東京地方検察庁の吉永祐介検事正は、光進代表による恐喝行為を訴追したが、蛇の目ミシンの役員たちを特別背任罪で訴追すべきと主張する石川達紘特捜部長を1991年1月21日、佐賀地方検察庁検事正として転勤させ、役員たちの刑事責任を不問にした。村山治・松本正・小俣一平「田中角栄を逮捕した男（吉永祐介と特捜検察「栄光」の裏側）」（朝日新聞出版、2016年）182−193頁参照

注33　第一通報者河野義行氏の弁護人の著書、永田恒治「松本サリン事件：弁護士記録が明かす7年目の真相」（明石書店、2001年）参照

注34　拙稿「メーカーにおける機密保持と留意点」（金融法務事情1430号、1995年9月25日）61−66頁

注35　拙稿「企業提携の活発化」（ジュリスト857号、1986年4月1日）46−51頁

注36　メイニーら（前掲注18）125頁

注37　拙稿「情報セキュリティをめぐる法的話題」電子情報通信学会誌79巻2号（1996年2月）141−146頁。拙稿「セキュリティにおけるグローバル・スタンダード」日本IBMが顧客向けに発行していた雑誌PROVISION13号（1997年）において、私は、わが国でも、民間部門の個人情報保護法の制定、不正アクセスの法規制、暗号政策を推進する必要があることを述べたのち、「IBMは、情報セキュリティに関する各国の法制度がオープンでグローバルな情報ネットワークを支えるもの、国際的に調和したものとなるよう、お客様や業界団体と共同で各国政府に働きかけたいと考えて（いる）」と述べている。

注38　拙稿「メーカーにおける機密保持と留意点」（前掲注34）62頁に立法論

注39　アメリカ法曹協会（ABA）科学技術セクション・電子商取引デビジョン・情報セキュリティ委員会著（日本弁護士連合会コンピュータ研究委員会訳）「デジタル署名ガイドライン」（第一法規、2000年）、拙稿「電子署名法概説」（自由と正義52巻5号、2001年）14頁

注40　日本弁護士連合会コンピュータ研究委員会編著「米国司法におけるコンピュータの利用状況」（第一法規、1998年）

注41　たとえば、警視庁捜査第2課と麻布警察署は、元日本IBM関連機器事業部のチャネル営業部長を光磁気ディスク装置購買代金支払名下にIBMに7100万円を振込み支払わせ騙取した詐欺事件の被疑者として逮捕したと発表した。犯行の動機は、消費者金融等からの借入の返済資金の捻出に窮したことにあったが、借入金は警察の捜査の結果、株取引や馬券の購入などで多額にのぼることが判明した（朝日新聞1993年6月23日）。なおIBM関連会社の事件として、朝日新聞1997年5月21日、産経新聞1997年12月8日、日刊工業新聞1998年4月6日など。

注42　堀龍児（日商岩井）司会、梅本吉彦（専修大学）、松崎昇（東レ）、辛島の座談会「法学部生のための会社法務ガイダンス」法学セミナー（1987年8月号）中の「法律判断と経営判断は明確に分けるべき、社内弁護士は社内における最高裁判所」という辛島発言参照（47頁）。

　　社内弁護士の入社前、外部の法律事務所に相談していたときは、「決めるのはあなただ」と言われて、これでは何のために相談しているのかわからないと思ったという、椎名武雄「変革期の企業経営と法務の在り方」取締役の法務10号（商事法務、1995年）4頁参照

注43　1983年6月の法務部による営業関係者のインタビューには、私は、北米（ケベックでの弁護士会議とニューヨーク州ポーキプシー工場）に出張していたので、参加しなかったが、IBMの管理部門が直接顧客の管理部門に問い合わせるのでない限り（管理部門は顧客に直接連絡できないと確信するMR、71頁参照）、事案の真相は発見できなかったであろう。同年11月からの事情聴取中に私がMRを監禁状態で尋問しているのではないかと、人事部長等が会議室に入ってきたことがあったが、左右2つのドアを施錠したことはなく、事情聴取は、休憩を含めMRの都合にあわせて行われていた。なお当時の緊張が残る高石義一「危機に堪える法務を」ジュリスト857号（1986年）45頁参照。

注44　2023年4月19日、「椎名武雄さん死去　日本IBM元社長」、享年93歳（朝日新聞2023年4月27日）

注45　最高裁2009年7月9日（日本システム技術事件）判決・判時2055号147頁。東京高裁2008年5月21日（ヤクルト本社株主代表訴訟事件）判決・判例タイムズ（以下、「判タ」）1281号274頁は、内規に違反した過大なデリバティブ取引で会社に67億円余りの損失をこうむらせた副社長に賠償を命じる一方、他の取締役・監査役は、相応のリスク管理体制を整備していたので、監視義務違反はないと判示している。

注46　数年間続いたスキームを告白した営業担当員MR（当時、営業課長）の言、私の「1983年12月メモ」による。自白したいというMRを部門長が止めたという事情も考慮され、MRは退職金の支給を受けるとともに、3年間の競業避止義務と機密保持義務を条件に退職した。なお半年後、すべての是正措置が終わったころ、「スキームを考案したのはシステムズ・エンジニアだった」と聞いたが、法務部門はシステムズ・エンジニア（SE）をインタビューすることはせず、そのままにした。その後SEは順当に昇進したと思われるが、少ないスタッフで、「トカゲのシッポ切り」だけは許さぬよう、営業のラインは必ず上層部まで調査することに注力していた、法務部門調査の限界を示す例ということができる。

注47　このガイドラインが組織内に徹底すると、税法違反、賄賂、違法政治献金、横領、背任などが抑制され、組織の資産は適正に使用、保全され、会社法・金融商品取引法上の情報開示が適正に行われる。しかし経営トップが不正に関与すると、内部統制は無効化する。有価証券報告書、四半期報告書の虚偽記載に関し取締役の任務懈怠を認定し、これにより会社に生じた損害の賠償を取締役に命じた最近の判例に、東京高裁2019年5月19日（オリンパス事件）判決・判時2459号17頁、東京地裁2023年3月28日（東芝事件）判決（資料版商事法務473号87頁）がある。オリンパスは、2006年4月1日から2011年6月30日までの事業年度に関し、重要な事実につき虚偽の記載がある有価証券報告書等を関東財務局長に提出したため、課徴金と罰金（虚偽有価証券報告書提出罪、金融商品取引法197条1項1号）、あわせて7億1980万円を納付したが、その全額につき裁判所は取締役らに会社に対する損害賠償責任を負わせた。また東芝事件判決は、2015年に発覚した不正会計に関し、「違法

と認識できたのに、中止、是正させる義務を怠った」当時の社長、副社長らに東芝に課された金融庁の課徴金の一部や証券取引所の違約金などに相当する金額を会社に賠償するよう、命じている。経営トップが関与した不祥事であったため内部統制が機能しなかったが、このような問題を予防するためには、業務執行と経営監督との分離が必要で、独立社外取締役が①取締役会の議決権を掌握し、②経営トップを選任、評価し、③業務執行を監査するというガバナンスのあり方が望まれる。

　同じく経営トップが関与した不祥事に日産自動車事件があり、東京地裁2022年3月3日判決は、役員報酬個別開示制度に違反し、2011年度から2017年度までのゴーン会長の役員報酬中累計約83億円を開示しなかった常務執行役員（2012年6月から代表取締役）と会社を虚偽有価証券報告書提出罪に処したが、司法取引導入後の事案であったので、司法取引をした他の役職者は不起訴となっている。資料版商事法務458号123頁

注48　大阪地裁堺支部2003年6月18日（大阪いずみ市民生協事件）判決・判タ1136号265頁。その後の判例、東京高裁2011年8月31日（オリンパス内部告発事件）判決（労働判例1035号42頁）は、内部通報に反発を抱いて業務上の必要性と無関係に発した配転命令を無効とした。

注49　2020年改正公益通報者保護法は、事業者に対し、①公益通報を受けつけ、対応する業務に従事する者（「業務担当者」）を定め、組織内に周知するなどの公益通報体制整備義務を課し、②通報者に対する不利益取扱いを禁止するとともに（11条）、業務担当者に対しては、①通報者を特定する情報の漏洩を禁止し（12条）、②漏洩したときは、刑罰（罰金刑）を課す（21条）。また体制が形のうえだけのものとならず、実効性のあるものになるよう、必要な指針を内閣総理大臣が定めることとし（11条4項）、2021年8月20日に公表された指針について、消費者庁が2021年10月13日「公益通報者保護法に基づく指針（令和3年内閣府告示118号）の解説」を公表し、「告げ口したのは誰だ」と通報者を探索する行為などを禁止する。山本隆司他著「解説　改正公益通報者保護法（第2版）」（弘文堂、2023年）47－49、236－270頁

第5章

重要な契約の審査

1. 重要な契約とは

契約の事業上の重要性、契約当事者間の権利・義務、リスク配分の妥当性・明確性は、マネジメントとともに、弁護士が判断すべき事項である。従って日本IBMでは、①弁護士が審査ずみの標準契約書を営業部門または購買部門がそのまま（追加・変更なしに）使用する場合、および、②少額の文房具等の市販品を購入する場合を除き、注文書・請書・協定書・合意書・覚書等、名称の如何を問わず、すべての契約は、弁護士がレビューしていた（注1）。1973、4年は、社内弁護士も1、2名と少なく多忙を極めていたので、少数社員が結成していた労働組合との団体交渉事項は、人事・労務部門が顧問弁護士と相談のうえ対処することにし、この取り決めは私の在職中続けられた。

2. コンピュータ取引契約

(1) 標準契約

ユーザーにコンピュータ・ハードウェア（機械）、ソフトウェア製品（プログラム・プロダクツ）、システムズ・エンジニアリング・サービス（SES）、機械保守サービスを提供するために、機械売買契約書、機械賃貸借契約書、プログラム・プロダクト使用許諾契約書、SES契約書、機械保守契約書を標準契約書として作成していた。契約書は、どの国のユーザーにも同等の製品・サービスを提供するというIBMの方針にもとづき、日本法に反しない限り、IBMの標準契約書と実質的に同一のものであった。この契約書を営業部門が変更なしに使用する場合は、あらためて法務部の同意を得る必要はなかった。

(2) ユーザーの変更要求

標準契約書のうち、知的所有権の取扱に関する条項と、日本IBM（ベンダ）が提供した製品やサービスに起因してユーザーに生じた損害につき、ベンダの責任を一定の範囲に制限しようとする条項（責任制限条項）については、ユーザーから変更を求められることがあり、営業部門で対応できないときは、弁護士が説明に出向き、条項の趣旨を説明して、ユーザーの同意を得るように努めていた。このうち、知的所有権条項については前述した（第3章2(1)及び4参照）。

3.　責任制限条項

　コンピュータ取引でベンダが提供する製品やサービス（役務）に起因してユーザーに損害が発生した場合に、ベンダの損害賠償責任を制限する契約条項は、情報社会の進展とともにますます重要になっている。通信事業に関しても責任制限条項の重要性は、1984年11月16日に発生した世田谷ケーブル火災事件で明らかになった。この事件では、電話による出前の注文などが止まった地元の商店主90人が「営業上の損害を受けた」と主張して電電公社を提訴、総額4700万円の損害賠償を請求した。これに対し、公社は、「公衆電気通信法109条が電話使用料金を基準に損害賠償額の上限を定めており、それとは別に原告が営業上の損害等の賠償を請求することはできない」と主張して争った。原告は、法律の規定は、憲法に違反し無効であると主張したが、裁判所は、①電気通信サービスの不提供から生じるすべての損害を予測して料金に反映させることは困難、②通信サービスの不提供から直接・間接に生じる損害は多大となるので電電公社に過大な負担を強いる恐れがある、などと指摘し、「公衆電気通信法が損害賠償額を制限しているのは合理的で憲法に反しない」として、原告の請求を棄却した（注2）。責任制限条項の存在理由・趣旨は、1985年6月、「法とコンピュータ」掲載の拙稿、「コンピュータ取引と契約責任の制限」に譲る（注3）。なお2017年6月には民法が改正され、瑕疵担保責任は特別の法定責任ではなく、債務不履行責任にほかならないことを確認、瑕疵担保責任という概念を廃止している。従って拙稿中の瑕疵担保責任への言及は削除すべきであるが、責任制限条項は、ベンダに対する損害賠償請求が、債務不履行責任論または瑕疵担保責任論いずれにもとづくものであれ、ベンダの責任を一定範囲に制限する趣旨の条項であるので、民法改正は契約条項の趣旨や効力に影響するものではない。ベンダが債務不履行により多種多様なユーザーに生じる損害を予測し、代金に反映させることが困難であることにも変わりはない。

4.　ソフトウェア開発契約

（1）モデル契約作成の努力

　ユーザーの業務を処理するためのソフトウェアの開発プロジェクトは、ユーザーのシステム化の企画（システム化構想の目標、及び開発方針を決定し、文書

化すること）にはじまり、要件定義、外部設計、内部設計、プログラミング、単体テスト、結合テスト、システムテスト、導入、運用というプロセスで進む。しかし見積依頼の時期には、要件定義も各工程における両当事者の役割分担も未定で、両当事者共通の認識は形成されていない。それにもかかわらず、契約金額を定めた契約が締結され、開発作業が進むと、仕様の追加・変更の要求、作業の手戻り、費用の増大、開発の遅延などの問題が生じる。このようなソフトウェア開発取引の適正化を図るため、通産省は1993年7月14日、産業構造審議会情報産業部会において策定された「カスタムソフトウェア開発のための契約書に記載すべき主要事項」を告示し、これを受ける形で日本電子工業振興協会（JEIDA）は、ソフトウェア開発モデル契約専門委員会とモデル契約ワーキンググループを立ち上げ、検討のうえ、1994年に「ソフトウェアモデル契約」を発表した（注4）。

　その後情報システムは、メインフレームを中心とするものから、クライアント／サーバを中心とするものに変わり、インターネットも普及した。このようなシステム環境の変化に対応するため、経済産業省は2007年4月、「情報システムの信頼性向上のための取引慣行・契約に関する研究会及びタスクフォース」を設置、検討後、取引契約書（第一版）を公表した（注5）。いずれのモデル契約も、標準条項とともに異なる選択肢も示しているので、モデル契約は全体として、契約起案時の参照資料として有益なものであるが、次項では、ソフトウェア開発に特有の検討事項について私見を述べる。

(2) 主要な検討事項

①基本契約と個別契約

　ソフトウェア開発をめぐる紛争の多くは、要件定義の前に外部設計、内部設計、コーディング、テスト、検収など開発の全工程をカバーする業務を一括金額で委託し、受託する契約を締結することに起因する。この問題は、ソフトウェア開発の全工程に共通する事項（次の②以下参照）を定める基本契約と、工程ごとに作業と代金を別個に定める個別契約（または、要件定義工程と外部設計以降の工程との二つに分け、代金を定める個別契約）を併用することにより、改善することができる。

②開発推進体制

　　a プロジェクト・マネージャーと連絡責任者の任命

　ベンダとユーザーは、プロジェクトの進行中に生じる様々な問題につき自社を

代表して決定することができる、プロジェクト・マネージャーを任命し、相手方に文書により通知する。必要な場合には、別に連絡担当責任者をそれぞれ任命する。

　ｂ 定期協議会の開催

プロジェクトの進捗状況を検討し、開発作業に必要な事項を協議、決定する。

　ｃ 開発プロセスにおける役割分担

各工程の作業につき、主たる実施責任を負う当事者（○）と支援作業を行う当事者（△）とを決め、役割分担を明確にする。

工程	ユーザーの役割	ベンダの役割
要件定義	○	△
外部設計	○	△
内部設計	△	○
コーディング	△	○
単体テスト	△	○
結合テスト	△	○
システムテスト	△	○
移行作業	△	○
受入検査	○	△
引渡	△	○
運用	○	△

③ 仕様書の作成と確定、変更

　ａ　仕様書の作成

仕様書の種類	文書作成の責任	必要情報提供責任
要件定義書	ベンダ	ユーザー（大）
外部設計書	ベンダ	ユーザー（大）
内部設計書	ベンダ	ユーザー（小）
検査仕様書	ベンダ	ユーザー（大）

　ｂ　仕様の確定

　　仕様書は、ユーザーの検収により確定

　ｃ　仕様の変更

・仕様の変更は、文書で申し入れる。

・両当事者の協議が一定期間内に整わない場合、ベンダは現行の仕様書に従って作業を進めるものとする。

・仕様変更に両者が合意したときは、変更仕様書を作成し、プロジェクト・マネージャーまたは連絡責任者が署名する。

④**成果物と納期**

⑤**検収**

ユーザーは、成果物納入後所定期間内に、受入検査を行う。

⑥**契約不適合責任**

a　不適合が発見された場合は、当事者間で協議しベンダの契約不履行と判断されるときは、ベンダが無償で修正作業を実施する。

b　責任制限条項

本章3参照

⑦**知的財産権の取り扱い**

第3章「知的財産の保護」参照

⑧**機密情報の取り扱い**

a　機密情報は、文書で機密と表示のうえ相手方当事者に開示する。

b　機密情報は、善良な管理者の注意をもって管理する。

⑨**第三者ソフトウェア**

開発するシステムの仕様・機能の一部とするため、ユーザーが第三者のソフトウェアを利用する場合には、ユーザーの費用で第三者からライセンスを受けるものとし、ベンダは第三者ソフトウェアについて保証責任を負わない。

5.　アウトソーシング契約

(1)　大和銀行の戦略的アウトソーシング

　1997年12月22日、大和銀行と日本IBMは、銀行の情報処理業務を10年間全面的に日本IBMに委託するアウトソーシング契約に基本合意、情報システムの開発・運用を行う共同出資会社（合弁会社）を設立する、合弁会社は、資本金1億円で、出資比率は大和銀行グループが65％、日本IBM 35％、社長は銀行が出す、と発表した。このアウトソーシングの狙いを大和銀行の海保孝頭取は、「IBMという世界最高水準の情報技術の取り込みと人員の確保」と「コスト削減」と述

べ、年間約350億円のシステム経費を年50億円削減する計画であり（注6）、「もう総花的な経営はしない。全部を中途半端にするより強いところを強くする」と述べた（注7）。翌春、同行の勝田専務取締役は、銀行が金融ビッグバンに備え、技術革新の速い情報技術分野で自力で人材を採用・育成し、先端システムを開発・運用することには限界がある。システム部門の再編成により、アウトソーシングを委託する日本IBMと共同で業務を遂行することにした。システム部門の行員300人のうち、システムの企画業務を担当する要員を銀行に残し、260人が合弁会社に出向、日本IBMと協力して業務に従事する出向者はIBMの情報技術にアクセスできるようになるので専門職としての成長、処遇改善の機会を得ることができ、銀行は人件費を変動費化することができる、この戦略的アライアンスは格付け会社からも高く評価された、と説明している（注8）。

　戦略的アウトソーシングという法律用語はなく、アウトソーシングとは「業務の外部委託」のことであるが（広辞苑第7版）、情報技術の分野では、ユーザーが情報システムの運用・管理業務を（ときに開発業務を含め）、機器・ソフトウェアとともにベンダに委託する契約の意味で用いられていた。これに対し、大和銀行の事例は、自行の経営資源を本業（銀行業）に集中することによって顧客満足度を高め、競争力を強化し、自行の専門とは言えないIT業務を、企画業務を除き、長期にわたり全面的に日本IBMに委託したことが戦略的とみなされたのである。契約の具体的内容に関しては、基本合意書、合弁契約書、知的所有権契約書等が締結された事実以上の公表はない。

　このアウトソーシングを決断した一つの契機は、「NY事件」で1995年米国から撤退したことによって（注9）、現地における業務を他行や有力米銀に委託し、人材を特化すべき分野へ傾斜配分する余力が生じ、撤退した部門のコストが下がり、経営全体の合理化につながった経験にある、と勝田専務はいう（注10）。銀行がシステム部門のリエンジニアリング推進のため、アウトソーシングの検討を日本IBMに要望したのは、基本合意が成立する約1年前のことであった（注11）。銀行はアウトソーシングについて複数のベンダに競わせるという契約交渉方法をとらずに、1960年代の第一次オンラインのころから30年にわたり築いてきた日本IBMとの信頼関係にもとづき、日本IBMとのみ交渉し、契約を締結したのである。

(2) コンチネンタル銀行の契約手法

対照的な契約手法をとったのが、1991年12月にIBMの100％子会社Integrated Systems Solutions Corporation（ISSC）とアウトソーシング契約を締結したコンチネンタル銀行である。この10年契約を締結する前に、銀行は、まず、アウトソーシング事業に詳しいコンサルタントと相談したうえで共同で、ベンダに対する提案依頼書（RFP）を作成し、RFPをアンダーセン・コンサルティング、CSC（Computer Sciences Corporation）およびISSCの3社に提示、各社に提案書の作成を依頼している。RFPは、情報技術の戦略的な利用と経営資源の本業への集中、IT関連経費の削減など、アウトソーシングの戦略的目標を掲げたうえで、①現時点で銀行が行っている情報処理、ネットワーク管理、開発業務、ソフトウェア保守業務のほとんどすべての業務をベンダが受託すること、②銀行所有の情報機器とネットワーク機器をベンダが購入すること、③銀行が第三者から借りているハードウェアとソフトウェアに関する銀行の契約上・管理上の責任をベンダが引き受けること、④銀行のデータセンターを一般のアウトソーシングサービス・ユーザーにも提供し、センターの使用料を銀行に支払うこと、⑤ベンダが引き受ける情報処理業務に従事中の行員約500名を同等の給与・諸手当で雇用することなどを求めた。その後、銀行はRFPについて3社に説明し、質疑応答の機会を与えたのち、提出された提案書を主に①ベンダに移籍する行員に対する人事計画、②ベンダの技術的対応力、③10年間にわたる業務の報酬の決定方法の観点から検討、ベンダ候補を2社にしぼり、より良い提案が得られるように30日間交渉、ISSCが銀行の機微業務を銀行の信頼の厚いErnst & Youngと提携して提供する案を示したので、ISSCに決定、その後3か月にわたる契約交渉を経て、契約調印に至った（注12）。

(3) 取締役の経営判断と説明義務

二つの銀行のベンダ選定方法は、いずれも、取締役が経営判断を行うに際しては広い裁量が認められ、仮にその判断が会社に損害をもたらす結果となったとしても、判断の過程と内容に著しく不合理な点がない限り、取締役に善良な管理者としての注意義務（会社法330条、民法644条）違反、または忠実義務（会社法355条）違反の責任も生じないという、経営判断の原則に照らし（注13）、裁判所が違法と認定することはない。

もっとも取締役には説明義務があるので（会社法314条1項参照）、大和銀行の

場合は、株主総会で事業報告に関し株主が「何故、複数のベンダに競わせなかったのか」と質問した場合に備え、想定問答集で準備する必要があったと推測される。

6.　長野オリンピック・プロジェクト

(1)　はじめに

　長野オリンピック冬季競技大会は、1998年 2 月 7 日から 2 月22日までの16日間、16競技場、 7 競技68種目、154実施競技イベント、選手2302人、オリンピック関係者（選手、役員、報道関係者、スポンサーなど）約 8 万4000人、信州大学学生1000人以上を含む、ボランティア約 3 万2000人、観客動員数127万5529人と、史上最大規模の冬季大会となった（注14）。

(2)　アウトソーシング

　IBMは1993年12月、IOCとの間で、1994年のリレハンメル（ノルウェー）、1996年のアトランタ（米国）、1998年の長野、2000年のシドニー（オーストラリア）の 4 大会に関し、情報システム分野におけるTOP（The Olympic Program）パートナーとして、スポンサーシップ（ワールドワイド・パートナーとしてインフォメーション関連製品にIOCマークを使用する独占的な権利）を対価に、コア・ゲームズ・アプリケーション（大会の中核的な情報処理をになうシステム）の開発・支援、ならびに大会組織委員会の要請があるときは、別途対価を受ける条件で、セカンダリー・ゲームズ・アプリケーション（副次的な情報処理をになうシステム）の開発・支援サービスを提供する、長期契約を締結した（注15）。コア・ゲームズ・アプリケーションは、①競技結果を記録、処理およびトレースし、かつ会場の電光掲示板、テレビ放送解説者（コメンテーター情報システム、CIS）、印刷システムなどに配信する、リザルト・システム（Games Results System）、②最新の競技情報、選手の経歴および電子メールサービスをオリンピック関係者に提供する、Info'98（Games Information Retrieval System）、ならびに③大会関係者の登録・資格認証業務、医療サービス記録の管理業務等を処理する、大会運営システム（Games Management System）からなっていた。またセカンダリー・ゲームズ・アプリケーションは、大会公式インターネット・ホームページ、大会組織委員会事務局システム、食事・宿泊施設管理、各競技に係る

スタッフの配置管理、情報機器管理、プロジェクトの計画立案・管理、資材管理、輸送計画の立案・管理、会場設計、到着・出発計画の立案・管理等を含むものであった（注16）。この長期契約にもとづき、NAOC、日本オリンピック委員会およびIBMは、1996年12月、長野大会用情報システムの開発・支援のためスポンサーシップ契約を締結し、NAOCとの関係では、日本IBMが一手引受人となることを合意、1997年12月には、NAOCと日本IBMとの間で、アトランタ大会用システムを長野の冬季大会競技と日本語環境に移行するための支援サービス契約を締結した。長野オリンピック・プロジェクトに関し私は1993年２月から社内プロジェクト・チームの支援、プレス用Q＆Aのレビューなどに関与するようになり、1996年12月からはスポンサーシップ契約など、各種契約を日本法の観点からレビューしている。

(3) 先行作業

　長野大会用情報システムの開発・運用契約は、1996年12月のスポンサーシップ契約も、1997年10月のNAOCと日本IBMとの間の移行サービス契約も、1998年２月７日の大会開催が迫る時期に締結された。システム開発契約の締結前に、本番稼働スケジュールに間に合わせるように開発作業に着手する行為は、契約が成立しなかった場合に開発費用の回収ができなくなるリスクをともなう。このようなリスクに備え、契約締結に先行し作業に着手する場合には、ベンダはユーザーのプロジェクト責任者から、「正式契約の締結には、社内の稟議手続に時間を要するので、契約に先行して開発作業に着手してほしい。万一、契約が締結されない場合には費用を弁償することを約束する」という趣旨の念書（先行作業着手依頼書）を発行してもらってから作業に着手する。しかし長野プロジェクトに関し、私は1993年の長期契約がIOCとIBM間に存在していたので、これが先行作業着手依頼書以上の機能を果すと日本IBMは判断し、下記のようにシステム開発作業を長野大会用契約締結に先行させている（注17）。

1993年４月	長野大会情報システム開発プロジェクトの開始
1994年12月	NAOCと共同で、情報システム開発の本格的開始を発表
1995年５月	IOC、NAOCと共同で、競技用情報システムの標準仕様の作成に着手
	アトランタ大会テスト・イベント・システムの移行作業（第一

フェーズ）開始

1995年秋	第一フェーズ終了
1996年8月	アトランタ大会終了（7月19日-8月4日）
1996年11月	アトランタ大会のシステムの移行作業を実施（ファイナル・トランスポート）
	IOC、NAOCと共同で開発した大会公式ホームページを開設、サービスの提供を開始
1996年12月	長野オリンピック・プレ大会開始にあわせ、競技種目別システムのテスト運用を開始（1997年3月までテストを実施）
1997年11月	NAOC、全システムを検収（11月15日）
1997年12月	全システムを統合したテストを実施（12月20日-22日）
1998年1月	実際の運営にあたるボランティア（信州大学学生を含む）が参加し、最終的な運用テストを実施（1月17日）
1998年1月24日	選手村開村にあわせ、システムの本番稼働を開始

　このようなプロセスで開発されたシステムのうち、大会公式ホームページに対する大会期間16日間の総アクセス数は、アトランタ夏季大会の3.5倍の6億3471万ヒットに達した（注18）。長野大会最終日の2月20日、IOC事務総長は記者会見の席上で、「技術もまた長野で金メダルを獲得した。IBMに対し強く感謝の意を表したい」と述べた（注19）。長野オリンピック・プロジェクトは、「企画、開発、システム保守、アプリケーション開発など、情報システムのオペレーションに関わるすべての局面を長期、組織的にかつ一定のサービス・レベルを保証してIBMの責任で行う、戦略的アウトソーシング型プロジェクト」であった（注20）。

(4) 災害対策・危機管理

　長野オリンピック開催会場内で運用されるシステム（長野データセンター・システム）が大会期間中に被災した場合に備え、日本IBMはNAOCとの間で災害時用センター（ディザスター・センター）を日本IBM幕張事業所（千葉市）に準備し、その運用を受託するIBMシステム受託サービス契約を締結した。

　受託サービスのフェーズは、①ディザスター・システムの準備および災害対策運用マニュアルの整備（1997年10月1日-10月31日）、②長野データ・センターと協力して被災時用のリハーサル・テスト実施、およびディザスター・システム

の障害回復対応マニュアルの準備（1997年11月1日−12月30日）、③ディザスター・システムの実運用（1998年1月5日−2月22日）と定められ、スケジュールどおりに実施された。

大会中に気象庁予報官が白馬地方に落雷の予報を出したことがあったが、日本IBMはNAOCの会場責任者の了解を得たうえで、2時間後には白馬地方のシステムを完全に停止した。予報どおり、「2時間後、白馬は、建物がビリビリと震えるほどの雹（ひょう）と雷雨の大荒れの天気となった」。試みに稼働させていた予備用の機械1台は電源からのノイズを拾って完全にダウンしたが、本番稼働用システムは無傷のままで、落雷の恐れがなくなったのち、サービスを再開した。数時間続いたシステムの停止は、「関係部署に確実に伝え、特に報道関係者への通知を完ぺきに行った」ので、「どこからも1つのクレームもなかった」。（注21）。

1996年のアトランタ大会では、7月27日早朝、オリンピック100周年記念公園で鉄パイプ爆弾の爆発事件があり、2人が死亡、111人が負傷した（注22）。IBMの招待客や社員は無事だったが、長野大会にはセキュリティ対策のため、IBMセキュリティ部門のテロ対策の専門家が来日している（注23）。

(5)「五輪スポンサー　IBMが撤退へ」

1998年8月8日付朝刊各紙は、IBMがシドニー大会（2000年9月15日−10月1日）を最後に、長期スポンサー契約を更新しないことにした、と報道した（注24）。契約更新のため、数か月の間、IOCと協議してきたが、長野大会でIBMが提供した情報システム関連の経費が1億ドルを超え、システムの提供という現物給付の対価がIOCマーク（JOC、NAOCのマーク等も含む）の使用権のみで、しかもシドニー以後、IOCは、インターネット・サービスを切り離し、別のスポンサーと契約する意向を示しているので、契約更新は合理的でないと判断したという（注25）。

1993年4月から1998年1月24日の本番稼働まで開発に4年10か月を要した長野大会用システムは、テスト用、開発用を含むハードウェアだけでもS/390（3台）、AS/400（5台）、RS/6000SP（7台）、RS/6000（160台）、プリンター（1300台）、ネットワーク・ハードウェア（1950台）、PC（5000台）にのぼり、ほかにソフトウェア開発要員、現場での技術者による支援（17か国から800人以上）、保守サービス技術者（1日3500人の待機）を要するものであった（注26）。

(6)　コンサルタント契約

　IBMには、オリンピック競技に関し、専門的な知識を有する社員はいなかった。社内に人材がいない事業分野で情報システムの入札に参加するときは、事前に社外の専門家をコンサルタントに委嘱することも選択肢の一つである。しかし、日本IBMは、専門知識はJOCや国際競技団体から得ることとし、コンサルタントは委嘱していない。

　コンサルタント契約は、具体的なコンサルタント業務の必要性や内容が明確でなく、また業務内容と報酬のバランスがとれたものでない場合や、コンサルタント候補者の能力、経験、信用が慎重に検討されない場合には、会社資産を不当に流出させ、横領や贈賄の原資（裏金）作りに利用されるおそれがある。契約に際しては、コンサルタントに利益相反問題がないかも審査する必要がある。このためIBMでは、コンサルタント契約は法務審査を必須としていて、この方針は社員に徹底していた。

(7)　ホスピタリティー・プログラム

　オリンピックのスポンサー企業として、日本IBMは、長野大会をIBMの技術を広報・宣伝する絶好の機会ととらえ、顧客企業の役員、主要事業所が所在する自治体の首長、中央官庁の公務員等を長野における技術展示会とオリンピック大会に招待するプログラムを企画した。もちろん芸者による接待や高額な贈物をともなうものではなかったが、法務部では、刑法の贈収賄罪、および1977年に米国で制定されたFCPA（海外における腐敗行為禁止法）違反罪（第6章4（3）参照）に該当しないかを検討、念のため米国弁護士の見解を確認したところ、ホスピタリティー・プログラムはIBM技術を広報宣伝する正統の事業活動としてFCPA上の問題はないとの回答を得ている。

注1 　本章で紹介する情報技術取引契約のほか、不動産取引、建築設計・工事委託、ファイナンス・リース、ファクタリング（売掛金債権売買）契約などレビューの対象は多種多様で、1980年代後半から1990年代はじめにかけては、OEM契約、製造委託契約、合弁契約などの交渉で、米国、タイ、韓国などに出張する機会が増えた。なおIBMと海外子会社との関係をどのように構築するかは、IBM全体の開発、製造、営業等の事業活動の最適化、各国の移転価格税制等の検討を要する重要かつ複雑な課題であるので、ハードウェア、ソフトウェア、テクノロジーの関連会社間取引は、IBMが主導して社内関連部門のみならず、国際的なビジネス・コンサルタントや税法専門家（tax attorney、租税法教授など）の助言を得つつ契約書を起案していた。従って日本IBM法務部による関連会社間契約の審査は、受動的なものであった。

注2 　東京高裁1990年7月12日判決・判時1355号3頁

注3 　拙稿「コンピュータ取引と契約責任の制限」法とコンピュータ第3号（1985年6月）108－117頁

注4 　（社）日本電子工業振興協会編「ソフトウェア開発モデル契約解説書」（コンピュータ・エージ社、1994年）

注5 　（社）電子情報技術産業協会ソリューションサービス事業委員会「ソフトウェアモデル契約の解説」（商事法務、2008年）

注6 　1997年12月22日付日本経済新聞、読売新聞の夕刊

注7 　1997年12月24日付日経産業新聞

注8 　「IBMとの提携でシステム開発力を維持・高度化」（大和銀行勝田専務取締役のインタビュー記事）金融財政事情（1998年3月16日号）22－25頁

注9 　大和銀行ニューヨーク支店で、証券係の行員が1984年6月末頃から1995年7月13日にかけて財務省証券の無断取引で約11億ドルの損失を出した。この事実を告白した行員の書簡を受領した銀行頭取は、8月8日に大蔵省銀行局長に相談したが、米国法上の報告義務を怠り、届出を遅延する間に、連邦準備銀行に提出した報告書に銀行の資産状況について虚偽記載をし、また銀行帳簿等にも虚偽記載を重ねたことから、刑事訴追を受け、司法取引で有罪の答弁を行い、罰金3億3400万ドルを支払ったほか、1995年11月1日FRBおよびニューヨーク州等の銀行局との間で、米国における業務停止の命令を受けることに同意し、1996年2月に米国から撤退した事件、大阪地裁2000年9月20日（大和銀行事件）判決・判時1721号3頁。なお私が1979年9月から1980年2月まで家族同伴でA/FEに出向した際には、学寮で1年先輩のK.F.氏がロックフェラー・プラザの大和銀行信託会社に勤務しておられたので、小切手利用のため当座預金の開設をお願いした。先輩は、NY支店で不正取引が始まる前年の1983年、東京に転勤、年1、2回はお会いしていたが、1995年11月1日、意識不明で倒れ入院、翌年6月14日死去されたので、1995年7月に発覚したNY支店事件の事後処理に関与しておられたかとお尋ねする機会もなかった。

注10 　金融財政事情（前掲注8）

注11 　日本IBM北城恪太郎社長が、一般論としてアウトソーシング成功のカギをベンダ側の人材・経営基盤、セキュリティ・情報管理のノウハウと、ユーザー側の経営リエンジニアリングの決意・能力と述べた談話が日経産業新聞（前掲注7）に、日本

IBM 石垣禎信アウトソーシング事業部長のインタビュー記事が、ジェトロ・センサー（1998年5月号）にそれぞれ掲載されている。

注12　Richard L. Huber, How Continental Bank Outsourced Its "Crown Jewels", Harvard Business Review Reprint（No.93102）。前述したように、IBMにサービス・ビューロー事業を禁じていた1956年同意判決の制約は1996年1月17日、撤廃され、IBMがISSCを吸収合併し、直接営業することが可能になった。

注13　グループ企業の事業再編計画の一環としての子会社株式の買取価格につき、最高裁2010年7月15日（アパマンショップHD株主代表訴訟事件）判決・判時2091号90頁

注14　日本IBM［Executive Briefings］19号（1998年5月）3頁。運営ボランティアとして働く信州大学学生の数につき、日本IBM社内報「こんぱす」1998年2月号特別版（NAOC情報通信部長談）

注15　こんぱす1995年12月号7頁

注16　Executive Briefings（前掲注14）8、9頁、長野大会運営システムには、結局、要員配置、到着・出発管理、宿泊、輸送、資材管理、チケット業務、イベント・スケジューリング、会場建築・設計支援など、大会運営に関わる実質的にすべての業務を含むことになった。

注17　こんぱす1998年3月号特別版（以下、「3月特別版」）1頁。アトランタからの移行作業につき、こんぱす1995年12月号7頁参照

注18　3月特別版4頁

注19　こんぱす（1998年3月号）1頁

注20　Executive Briefings（前掲注14）

注21　3月特別版3頁

注22　デイビッド・ゴールドブラット「オリンピック全史」（原書房、2018年）334頁。アトランタ大会には、長野オリンピックのセキュリティ対策の参考にするため、セキュリティ部門のスタッフを派遣していた。

注23　Executive Briefings（前掲注14）4頁

注24　見出しは、朝日新聞。ほかに、読売新聞、The Daily Yomiuri、報知新聞、サンケイスポーツなども報道

注25　The Daily Yomiuri（前掲注24）

注26　3月特別版1頁

第6章

立法と裁判例のモニタリング

1. 情報セキュリティとプライバシー

(1) コンピュータ犯罪と刑事法

①コンピュータ犯罪

　コンピュータの普及にともない、コンピュータに関連する反社会的な行為がコンピュータ犯罪として注目されるようになった。日本リーダーズダイジェスト社が日経ビジネスの購読者名簿（コンピュータ処理用磁気テープ）のコピーを日経マグロウヒル社が雑誌の発送業務を委託していた企業（元請）の二次下請から買い取り、英会話テープの宣伝資料を82000人に郵送した行為が、日経マグロウヒル社によって盗品故買罪（刑法256条２項、当時の贓物故買罪）として告訴された事件が、最初のコンピュータ犯罪事件といわれるが（注1）、その後も、近畿相互銀行のCDカードの磁気ストライプ部分の偽造（注2）、自動車登録ファイルの不実記載（注3）、新潟鉄工所開発のCAD（コンピュータ支援設計プログラム）の横領（注4）、総合コンピュータ開発の読売新聞販売店購読者管理プログラムをめぐる背任事件（注5）などが発生した。とりわけ三和銀行茨木支店の女性行員が情交関係のあった男性にそそのかされ、1981年３月25日の午前10時すぎから20分のうちに、茨木支店の端末装置を操作して、架空人名義で４支店の預金口座に次々と架空の入金データをオンラインで入力（総額１億8000万円）、うち１億3000万円を現金と預金小切手で引き出し、男性と分け、自分は500万円を携帯してその日のうちに羽田空港から国外に逃亡した事件は、同年９月８日のマニラでの逮捕、日本への移送、1982年７月27日の大阪地方裁判所による有罪判決までの間、耳目をひいた事件であった。行員（被告人）は、私文書（預金通帳）偽造、同行使、詐欺の罪で懲役２年６月の実刑を課されたが、裁判所は、被告人が払戻を受ける際に事情を知らない窓口の行員に架空の入金（預金）であることを告げなかった不作為を「欺罔行為」と認定し、詐欺罪の成立を認めたのである（注6）。

　しかしこの事件は、架空の入金データを自己が管理する口座に入力した段階で、いつでも自由に金を引き出せるという利益を得ていたにもかかわらず、その時点では人を欺いていない（欺罔行為がない）ので詐欺罪は成立しないという当時の刑法が、コンピュータ時代に対応していない事実をあらわにした。

②刑法の一部改正

　情報セキュリティとは、情報管理者の許容しないアクセス、開示、変更、利用

から情報を保護することをいう。しかし管理者が組織的（人的）、物理的、技術的措置を講じ、セキュリティ体制を整備しても、悪意をもつ者がセキュリティを破るリスクは常に存在する。そこで反社会的行為を抑止するため、行為者に事後的に刑事制裁を課す必要が生じる。この点でも、アメリカでは、1978年制定のフロリダ州法をはじめコンピュータ犯罪に対する刑法の整備が進んでいた。1983年、私は法とコンピュータ誌に寄稿する機会を与えられ、アメリカにおけるコンピュータ犯罪立法の状況を紹介している（注7）。

　1986年9月、法務大臣は法制審議会に対し、コンピュータの普及にかんがみ、コンピュータ関連の反社会的行為を刑法改正により処罰する必要があるか、あるとすればその骨子を示されたいと諮問し、審議会は課題を刑事法部会に付託した。

　第二東京弁護士会・刑法改正対策特別委員会も検討を始めていたが、1986年10月20日、講演の機会を与えられ、私は「コンピュータ犯罪と刑事法」というテーマで、コンピュータ犯罪として話題になった刑事事件に言及しながら、現行刑法には、ⓐ電磁的記録が刑法上の文書に該当するか、また、ⓑ銀行の元帳ファイルの口座に入金が入力された段階で詐欺罪が成立するか、疑問があるほか、ⓒ威力または偽計によらずにコンピュータ業務を妨害する行為は現行法の業務妨害罪に該当しないことから、立法の必要があると述べ、なおⓓシステムのデータに無断でアクセスする行為は、従業員については雇用契約上の措置で対応すべきであり、刑罰を科すのは行き過ぎである、ⓔ外部からの無断アクセスは従業員の場合と異なるが、営業秘密のアクセスは、不正競争防止法の改正で、プライバシー情報のアクセスは、プライバシー保護法の制定により対処すべきではないかという意見を述べている（注8）。

　刑法改正の作業は、刑事法部会が答申した「刑法一部改正の骨子」を法制審議会もそのまま答申し、これにもとづく「刑法等の一部を改正する法律案」が1987年3月26日、国会に提出された。1987年5月に成立した改正刑法は、電子計算機損壊等業務妨害罪（234条の2）、電子計算機使用詐欺罪（246条の2）、電磁的記録不正作出及び供用罪（161条の2）を新設した（注9）。

③不正アクセス禁止法、通信傍受法

　インターネット時代の到来とともに、アクセス制御機能のあるコンピュータに電気通信回線を通じて不正にアクセスする行為や、電気通信を組織的犯罪や重大犯罪に利用する行為が増加した。インターネットの世界は、世界政府による治安

維持機能を欠くため、「開拓時代の西部」と同様、自分の身は自分で守る必要があるが、各国政府も反社会的行為を防止、処罰して、情報セキュリティの確保に努める必要がある。私も機会が与えられると、不正アクセスを禁止する立法の必要を主張した（注10）。なお不正アクセス禁止法は、1999年に制定され、翌年施行された。

　通信傍受法の検討は、1996年10月8日、法制審議会への諮問で開始された。11月11日に審議会の刑事法部会に事務局参考試案が提出されると、弁護士会においても検討が開始され、1997年5月23日、日弁連総会は、通信傍受法の制定に反対する決議を採択した。一方、法制審議会は、裁判官の令状による通信の傍受を認める答申を提出、さまざまな意見が表明される中、1999年に通信傍受法は制定された。私は、組織的な犯罪や重大犯罪に対応するためには、令状主義にもとづく通信傍受法は必要と考えていたが、意見を求められたことも表明したこともなかった。

(2) 営業秘密と電子商取引の保護

①営業秘密

　営業秘密（トレード・シークレット）とは、事業活動に関する技術上または営業上の情報であって、一般に知られておらず、その保有者に競業上の有利性を保障するもので、秘密に管理されている情報をいう。営業秘密は、民事的には民法の不法行為法（709条、723条）、契約法（415条、414条）により保護を受けてきたが、不法行為法には差止請求ができないという限界があった。また刑法の財産罪は背任罪（247条）を除き、窃盗罪（235条）、横領罪（252条）、業務上横領罪（253条）は有体物の領得行為のみを処罰の対象としていた（注11）。

　GATTウルグァイ・ラウンドが始まり、TRIPS協定（知的所有権の貿易関連の側面に関する協定）の締結に向けた国際交渉が始まったことを背景に、1990年に改正された不正競争防止法は、はじめて営業秘密を同法の保護対象に加え、被害者に損害賠償請求権と差止請求権を与えた。TRIPS協定は、1993年12月の実質的な合意にもとづき、翌年4月成立、営業秘密の保護は締約国の義務となった。

　1992年7月からWIPO（世界知的所有権機関）において不正競争防止法の国際的なハーモナイゼーションを目指す準備作業が始まる。通産省においても、産業構造審議会・知的財産政策部会・不正競争防止小委員会で検討が始まり、1992年12月14日に不正競争防止法の全面的な改正を求める中間答申が提出され、1993年

5月19日、不正競争防止法の全面改正が成立した。改正は、不正競争に関する損害額推定規定、および損害額を立証するため相手方所持文書の裁判所への提出を命令する制度の新設、差止請求権の消滅時効期間の明記などを含むものであった。この間、1992年9月30日には、通産省の担当官から改正の方向について頓宮孝一知的所有権部長や同僚の弁護士、弁理士とともに説明を受け、意見を述べる機会があったが、事業活動上のリスクになるような改正にはならないと判断された。その後、営業秘密の保護に関連する改正案を中心に米国の弁護士とも検討したが、特に意見を提出することはなかった。なお、営業秘密の侵害行為に刑事罰が課されることになったのは、2003年の不正競争防止法改正からである。

②電子商取引と暗号技術

電子商取引の時代における電子文書の機密性、完全性、真正性、否認防止のための基本的なセキュリティ技術は、暗号技術である。暗号技術のうち電子署名・認証技術は真正性、完全性、否認防止を主眼とするものである。1995年、アメリカのユタ州が、初のデジタル署名法を制定、その後ほとんどの州が電子署名法を制定した。しかし州法間の相違は州境を越えて行われる商取引の支障となる。このため1999年8月には統一州法委員会がモデル法として統一電子取引法（UETA）を作成し、各州にその採択を呼びかけ、連邦議会も2000年6月に電子署名法を制定した。またEUも1999年、加盟国に対し電子署名指令を発している。わが国も、高度情報通信社会推進本部が1999年4月、郵政省・通産省・法務省に電子署名・認証に関する法制度の整備に着手するよう求め、3省は基本的な論点を整理、11月19日に公表してパブリックコメントを求めた。日弁連は12月3日、電子署名・認証法案に関する調査検討ワーキンググループを設置、私が座長となって、ⓐ技術の発展に対応できるよう、法律自体はすべての電子署名を対象としつつ、具体的な法的効果を付与する電子署名は、当面デジタル署名に限ること、ⓑ国による民間認証機関の認定制度は任意なものとすること、ⓒ認証機関に対しては、本人確認義務と個人情報保護義務を課することなど4頁にわたる意見書をまとめ、12月17日に提出した。電子署名及び認証業務に関する法律（電子署名法）は、2000年5月24日に成立した（注12）。なお日弁連コンピュータ研究委員会が1999年に行ったアメリカ法曹協会「デジタル署名ガイドライン」の翻訳作業には、私も委員として参加し、作業を分担した。

政府の暗号政策に関しては、OECD理事会が1997年3月、暗号技術の利用促進と国際的な政策協調を目的として、「暗号政策に関するガイドライン」（勧告）を

発している。政府にとっては、安全保障のための輸出管理や犯罪捜査のための暗号鍵へのアクセスが重要であるが、民間部門の電子商取引のための情報セキュリティ確保の必要とどのように調和させるかは、1990年代から今も続く課題である。

(3) プライバシーと個人情報の保護

①プライバシーの権利

　プライバシーとは、個人の私的生活に関する事柄をいい、プライバシーの権利とは、自己の私的生活に関する事柄に他人から干渉されない権利をいう。プライバシーの権利を最初に認めたのはアメリカであった。19世紀後半の米国社会では、私生活の暴露と興味本位の歪曲を売り物にする煽情主義的な新聞・雑誌の横行（イエロー・ジャーナリズム）に悩む人が増えていた。ボストンの社交界で活躍する夫人のゴシップ記事に悩んでいたウォーレンは、法律家として問題に対処するため、同僚のブランダイスとともに判例を検討し、プライバシーの権利の存在を主張する論文を1890年、ハーバード・ロー・レビューに発表する（注13）。これを契機に、プライバシーの権利が徐々に州法や判例で認められるようになり、1930年代には権利が確立する。

　わが国では、1964年9月28日、東京地方裁判所が「宴のあと」事件判決で初めてプライバシーの権利の存在を認める（注14）。「宴のあと」は、元外務大臣で1959年4月23日の東京都知事選に日本社会党の推薦で立候補し、東龍太郎と争って落選した有田八郎をモデルとした、三島由紀夫の小説で、中央公論の1960年1月号から10月号にわたって連載され、11月に新潮社から単行本として出版された。三島が有田と妻の私生活をフィクションを交えながら書いたので、有田がプライバシーの権利の侵害を理由に損害賠償と謝罪広告を求め、三島と新潮社を訴えた。裁判所は、私生活または一般の人が私生活上の事実と誤認するような事柄をみだりに公開されない権利（プライバシーの権利）が原告にあることを認め、被告らに80万円の損害賠償を命じた。なお民法723条による謝罪広告の請求は、プライバシーの権利の救済方法としては認められないとして棄却している。石田哲一裁判長は、口頭弁論期日に準備をしないで出頭する弁護士に歯切れよく注意する訴訟指揮で司法修習生に人気があり、「宴のあと」事件判決も評判になった。

　その後も、プライバシーに関連する裁判例の動向は、モニタリングの対象であったが、京都弁護士会からの照会に対し、中京区役所が前科を回答した事件は（注15）、公的機関からの照会であっても、強制力のある命令ではないので、プラ

イバシーの権利を侵害してはならないという教訓として、社内研修で参考にした。また1998年11月28日、早稲田大学が開催した中華人民共和国江沢民主席の講演会に参加を希望した学生の名簿を大学が警備を依頼した警視庁の要請に応じ提供した行為が、プライバシーの権利の侵害と学生らに訴えられ敗訴した事件は（注16）、社員や事業資産を守るため警察の協力を求めることが多い社内弁護士の実務上の指針となった。

IBMは、社員の個人情報を尊重し保護する方針（ポリシー）を1960年代に策定し、社員の個人情報については、ⓐ業務上または法律上の必要がある情報のみを収集、使用、保管すること、ⓑ人事記録の正確性を社員は確かめることができること、ⓒ社内における情報の利用は業務上の必要がある社員に限られること、ⓓ社外への提供は、雇用証明のため、または法律にもとづく要請のある場合に限ることを社員に言明していた（注17）。社員のプライバシーに関するIBMのポリシーは、1975、6年ごろの経済紙や学術誌によるケアリー IBM会長のインタビュー記事で一般にも知られている（注18）。その後も、IBMは、1980年のOECD「プライバシー保護と個人データの国際流通についてのガイドライン」（理事会勧告）の原案作成に協力するなど（注19）、個人情報保護のための努力を続けており、社員にもプライバシー保護の重要性は理解されていた。

②私生活への不当な介入か

IBMは、信仰の自由、政治的信条の自由とともに、プライバシーの権利を尊重し、個人のⓐ私生活への侵入、ⓑ私事の無断公開、ⓒ公衆の誤認を招く私事の公開、ⓓ氏名・肖像の無断利用の防止に努めていた。従って、社員の私生活上の紛争に介入することはなかった。

1985年2月6日（水）の午後、旧知のS弁護士から、「自分が住宅管理組合理事長をつとめている広尾のマンションを借りたアメリカ人のIBM社員が飼っているシェパードで住民が困っている、善処してほしい」という電話があり、翌日、弁護士事務所で話を聞くと、「管理規約では、室内では犬猫の飼育は自由だが、ベランダでは許していない、高層階のベランダにいる大型犬が下を歩く犬に深夜や早朝に吠えるので迷惑である。エレベーターや廊下で犬に出会う住民も恐がっている」という。掛け値なしの話と考えた私が、アメリカ人社員が勤務しているWTACのゼネラル・カウンセルに電話すると、「それは非常識な行動だ。一緒に話をしよう」と言って、社員と話す機会を作ってくれた。私も管理組合規約の関連部分の英訳や集合住宅における犬猫飼育の問題に関する文献などにあたって準

備のうえ、同月15日に社員と会ったが、社員も管理組合の要請に従うことを承諾したので、翌週、理事長に電話し、私が国内出張や香港出張から帰ってから話をまとめることとし、翌月11日（月）の夕方、社員とともに団地G棟の会議室で理事長と会い、ⓐベランダでの飼育をやめること、ⓑ室外に犬を連れだすときは住民が恐がらないように行動することで解決した。

③自己情報コントロール権

個人情報のコンピュータによる処理が普及するとともに、プライバシーの権利を、私生活にみだりに干渉されない権利（一人にしておいてもらう権利）から、自己の情報を誰にどのように提供するかを自分（本人）がコントロールする権利（自己情報コントロール権）ととらえ直す考えが広まる。この権利には、ⓐ自己の情報が他人（政府機関または民間事業者）により正当な理由なく収集されないこと、およびⓑ正当に収集された情報であっても、正当な目的を超えて利用されたり、第三者に提供されることがないことを求める権利、ならびにⓒ自己の情報を閲覧する権利、ⓓ情報の誤りの訂正請求権、ⓔ正当な理由なしに保有されている情報の削除を求める権利などが含まれる。

このような世論の動きに対応し、アメリカは1970年、消費者信用情報機関に情報の正確性を保障する合理的措置をとる義務を課し、信用情報の提供先を事業上正当な必要のある者に限った、公正信用報告法を制定した。この法律は、規制対象を一定のセグメントに限ったものであるが、1973年にスウェーデンが制定したデータ法は、公的部門と民間部門を規制対象とするオムニバス方式の個人情報保護法であった。その後アメリカでは連邦行政機関を規制するセグメント方式の連邦プライバシー法が1974年に制定され、1977年にはドイツ、1978年フランスとオムニバス方式の個人情報保護法が制定される。このような状況の中で各国で異なる法律が制定されると、個人情報の国際的な流通が阻害されるという懸念が生じ、1980年のOECDガイドラインの採択にいたる。わが国は1988年、「行政機関の保有する電子計算機処理にかかる個人情報の保護に関する法律」を制定したが、民間部門については個人情報保護法の制定のないまま21世紀を迎えることになった。この間、私は、1987年に労働省が設置した「労働者の個人情報保護に関する研究会」（諏訪康雄座長）に委員として参加する機会を与えられたほかは、個人情報保護法制定の必要性を講演の機会に主張する程度のことしかできなかった。個人情報の保護に関する法律は、2003年5月に制定される。

2.　製造物責任

(1)　米欧の状況

①過失責任と無過失責任

　製造物責任とは、製造物の欠陥（製造物が通常有する安全性を欠いていること）に起因して人の生命、身体および財産に損害が生じた場合に製造者（メーカー）が被害者に対して負う責任をいい、狭義では、被害者がメーカーの過失の立証をしなくとも、メーカーが無過失責任（アメリカでは厳格責任という）を負う制度、広義では、被害者がメーカーの過失を立証したときに、メーカーが過失責任を負う制度も含む。製造物の欠陥には@設計上の欠陥、ⓑ製造上の欠陥、ⓒ指示・警告上の欠陥がある。なお、製造物自体の故障、損害は製造物責任の対象外とされる。

②アメリカの判例法

　20世紀はじめまでのアメリカでは、メーカーと直接契約関係のない消費者は、製造物の欠陥に起因して損害をこうむっても、契約関係の法理（privy of contract）の適用によって、メーカーに対する損害賠償請求が認められなかった。1916年、ニューヨーク州最高裁判所（カードウゾ裁判長）は、運転中の自動車がタイヤの欠陥のため突然壊れ、社外に投げ出されて負傷した原告が自動車メーカーを被告として損害賠償を請求した事件（マクファーソン対ビュイック・モーター）で、製造過程において過失があるならば生命・身体に危険が生じる製品である自動車については、契約関係の法理は適用されないと述べ、被告が合理的な検査をしていればタイヤの欠陥を発見できたのに、検査を怠った過失（negligence）があると認定し、被告に損害賠償を命じた（注20）。

　ニューヨーク州最高裁の判例が他州の裁判官を拘束することはないが、説得力のあるものは参考にされる。1944年、カリフォルニア州最高裁判所は、レストランのウェイトレス（原告）が配達後1月以上カウンターの下におかれていたコカ・コーラの瓶を冷蔵庫にしまおうとしたところ爆発し手を負傷した事件で、過失責任の原則は維持しつつ、コカ・コーラ社（被告）の過失を推認することにより、過失の立証責任を転換し、原告勝訴の判決を下し（注21）、製造物責任の厳格化に一歩を進めた。その後、1960年には、メーカーと契約関係のない消費者にも、製品に随伴してメーカーの保証責任（implied warranty of merchantability）が及ぶことを認め、かつメーカーの免責条項を非良心的で無効と判示した、

ニュー・ジャージー州最高裁の判決（注22）が下されるなど、メーカーの責任厳格化が進む。

そして1963年、日曜大工用電動工具を使用中の原告が、工具からはね飛んだ木片により額に重傷を負った事件（グリーンマン対ユーバ電動工具）の判決で、カリフォルニア州最高裁（トレイナー裁判長）は、メーカーが製品出荷時に、製品がユーザーに検査されることなく使用されることを知っていたときは、製品の欠陥により生じた人身損害について不法行為法上の厳格責任を負うと判示し、メーカー（被告）に損害賠償を命じる（注23）。この法理が、1965年、アメリカ法律協会が判例法（不法行為法）を編集した、不法行為法第２次リステイトメント402 A条に採用され、他の州にも広がる（注24）。このようにして、アメリカでは1963年から65年にかけて不法行為法上の厳格責任（無過失責任）の法理が確立した。

③ECの製造物責任指令

ヨーロッパ諸国の製造物責任に関する法制度は、過失責任主義による国が多数を占めていたが、メーカーの過失責任の推定、挙証責任のメーカーへの転換などにつき、各国間で相違があった。市場の統合を目指すEUにとっては、制度の相違は、製品の自由な流通を妨げる。競争条件の公正性や消費者保護の公平性を維持するためにも、域内の法制を調和させる必要があるので、EC閣僚理事会は、1985年７月、「欠陥製品の責任に関する加盟国の法律、規則及び行政規定接近のための閣僚理事会指令」を採択した。この指令は、ⓐ製造者の責任要件を過失から欠陥に変更するとともに、ⓑ損害の発生・欠陥の存在、および欠陥と損害との因果関係に関する挙証責任を被害者に課し、ⓒ製造者が製品出荷時の科学・技術の水準では、欠陥の存在を認識できなかったことを証明したときは、免責されるという、開発危険の抗弁を認めた。この指令に従い、1980年代には、イギリス（1987）、オーストリアとイタリア（1988）、ルクセンブルク、デンマーク、ポルトガルおよびドイツ（1989）と、相次いで製造物責任法が制定された（注25）。

(2) わが国の状況

1955年８月に表面化した森永砒素ミルク事件は、製造工程で砒素が混入したドライミルクを飲んだ乳児約１万2000人が砒素中毒にかかり、うち130人が死亡した事故だった。1959年から1963年にかけては、睡眠薬サリドマイドを服用した妊婦に先天性障害児約1000人が生まれる。1968年には、米ぬか油を製造する際に脱

臭工程で加熱するための熱媒体として使用するPCBが米ぬか油に混入し、その油を摂取した約1300人が塩素挫瘡などの油症に罹患する。1970年ごろになると、1955年ごろから発生していたスモン病が整腸剤キノホルムが原因と推測されるに至る（注26）。

　これらの事件のうち和解で解決しなかったものは、裁判所の判決で解決されることになるが、メーカーの損害賠償責任を認めた判決はいずれも、不法行為法（民法709条の過失責任）にもとづくものであった（注27）。

　1969年に日本の自動車メーカーが車の欠陥で米国政府から回収を命じられる事件が発生し、欠陥車問題が注目を浴びるようになると、法学者の間でも製造物責任を研究する機運が高まり、1972年には民商法、民事訴訟法などの学者9名による製造物責任研究会が発足、政府もその頃から産業構造審議会、国民生活審議会などで消費者被害の救済制度のあり方についての検討をはじめる。

　1975年秋には、製造物責任研究会がまとめた製造物責任法要綱試案が発表される（注28）。この試案は、ⓐ製造物責任法は、消費者の保護を目的とすること、ⓑ製造物の欠陥により自然人が生命、身体または、財産に損害を受けた場合には、メーカーが無過失責任を負うこと、ⓒ欠陥の存在、欠陥と損害との因果関係については、被害者は技術的な知識に乏しいので、一定の場合には、欠陥や因果関係の存在を推定し、挙証責任をメーカーが負うこと、ⓓ製造物に運送業者、倉庫業者、修理業者などが直接、欠陥をつくりだした場合には、それらの者が無過失責任を負うこと、ⓔ欠陥事故が発生しやすい製造物については、メーカーに製造物責任保険契約締結を義務付け、また無保険の製造物から損害が生じた場合などに備え、政府に製造物損害賠償保障事業を営ませることなどを骨子とするものであったが、我妻栄博士など専門家が検討を重ねた結果の試案であったので、その後の製造物責任立法の議論に影響を与えるものとなった。この試案が発表された時から、私は製造物責任法制定に向けた動きをモニタリングしてきたが、1994年4月に閣議決定された製造物責任法案については、目的規定から消費者保護という文言がなくなり、法人（企業）を含む「人」を保護する法案となっていること、製造物の欠陥により生じる事業上の損失（売り上げ減少、得べかりし利益の喪失）やデータ、ソフトウェアなど無形の損失も損害賠償の範囲に含まれることに懸念をもった。しかし経済団体が法案に反対していないことを考慮すると、IBMが消費者保護の機運に水を差したとの誤解を招くような言動は得策ではないと考え、また民法には過失相殺の制度があることや企業間取引では損害賠償責任

を制限する契約をかわすことによりリスクを限定できることなども考え合わせ、求められてもいない意見を述べることは差し控えた。

　製造物責任法は、1994年6月に成立し、1995年7月から施行された。施行の段階で発表された通産省と家電製品協会の製品リスクについての警告基準が、IBMの準拠してきたISOの基準と異なるものとなったため、製品が国内向けか国外向けかにより、警告表示を変える必要、また輸入製品については、使用説明書などを国内基準に変える必要が生じ、事務作業が増えたことに困惑した。なお法律の施行までに、念のため文書管理保存規程を見直している。

　法律成立後、さまざまな業界の品質管理担当者などに製造物責任法について講演する機会があったが、前述したような米国の判例法や日本の判例、EC指令などを紹介しながら、製造物責任法の意義・内容の概略を説明するものであった（注29）。

(3) キーボード作業、VDT作業と健康

　パーソナル・コンピュータの普及にともない、PCの表示画面やVDT（ビジュアル・ディスプレイ・ターミナル）を見ながらキーボードをたたいて、電子メールや電子文書を作成する作業が職場でも家庭でも生活の一部となった。情報通信機器からの電磁波、キーボード作業による頚肩腕症候群または手根管症候群（carpal tunnel syndrome）、ディスプレイを見続けることによる眼精疲労、視力低下を危惧する人も増え、アメリカでは厳格責任にもとづきメーカーに損害賠償請求訴訟が提起されるようになった。

　電磁波訴訟には、妻が携帯電話の電磁波により脳腫瘍を発症または悪化させ、死亡したと主張して、夫（原告）がNECアメリカ（被告）を訴えた事件がある。訴訟において被告が電磁波と健康障害との因果関係を否定する医学界の権威者2名の宣誓供述書を提出したのに、原告が専門家の供述書を提出しなかったことから、裁判所は1995年、陪審に事件を付することなく、原告の請求を却下している（注30）。また、IBMPCのキーボードを使用して頚肩腕症候群になったという原告が、健康障害はキーボードの設計上の欠陥または指示・警告上の欠陥に起因すると主張して厳格責任にもとづく損害賠償を請求した訴訟2件で（注31）、いずれの陪審も1995年、原告が毎日長時間しかも何日もキーボード作業を続けたことが反復運動過多損傷（repetitive stress injury）の原因と認定、キーボードには設計上の欠陥も指示・警告上の欠陥もないと判断している。なお眼精疲労や

視力低下をめぐる訴訟がIBMに提起されたと聞いたことはない。VDT作業と健康をめぐる問題は、快適とはいえない作業場で、休憩もとらず長時間ディスプレイ画面を見ながらキーボード作業を続けると家庭でも生じる問題で、人間と機械の調和を目指す人間工学（ergonomics、アルゴノミクス）の研究対象であり、職場の労働安全衛生管理が肝要である。

3.　公正な競争と知的活動

(1)　独占禁止法

　カルテル列島といわれていたわが国がカルテル対策のために課徴金納付命令制度を導入したのは1977年であった。1980年代になると公正取引委員会は情報通信産業に関しさまざまな一般調査を始め、調査結果を「情報化の進展が競争秩序に与える影響に関する調査——企業間データ通信システムを中心として——」（1984年5月）、「オフィスコンピュータの流通実態調査について」（1984年9月）、「寡占産業・先端産業等の実態と競争政策」（1984年10月）、「電気通信産業分野における競争政策の在り方と課題——情報通信産業分野における競争政策に関する研究会報告（第106回独禁懇資料）」（1985年4月）、「VAN事業に関する調査」（1986年2月）、「ソフトウェア受託開発業における委託取引に関する実態調査結果及び関係団体への要望について」（1987年6月）と報告書を相次いで公表する。

　日本IBM（IBM）も公取委の要請に応じ調査に協力したが、なかでもオフィスコンピュータの流通実態調査については、1984年1月中旬から社内関連部門で協議のうえ回答を準備、2月10日（約2時間30分）と3月6日（約2時間）と2度にわたるヒアリングで公取委の質問に回答した。その後電話などによる質問が続き、IBMに対する調査が終わったのは8月20日であった。当時IBMは、オフィスコンピュータを直接または特約店に卸して、顧客に販売していた。IBMの特約店契約は、⒜契約期間を1年とし、自動更新後はいつでも3か月前の通知で解約できる、⒝非排他的取引契約で、⒞特約店は再販売価格や取引条件（知的所有権条項と製品保証条項を除く）を自由に決定できたので、独禁法の禁止する不公正な取引方法に該当するおそれはなかった。

　1990年代になると、1989年から開始した日米構造問題協議を受けて、独禁法の執行強化が始まる。価格カルテルを積極的に犯罪として告発する公取委方針の発

表（1990年）、価格カルテルに対する課徴金率の引き上げ（1991年）、カルテルに参加した法人に対する罰金額上限の500万円から1億円への引き上げ（1993年）、公取委の職員を増やし、事務局を事務総局とする執行体制の強化が続く。これらの動きを私はわが国の競争政策を欧米の水準に近づけるものとみていた。

　カルテルに加わった事業者が競争当局の調査開始前に自主的に事件を申告したときに競争法上の制裁を減免する制度（リニエンシー）は、前世紀中に欧米諸国で導入が進んだが、わが国は導入しなかった。2004年6月18日、オーストラリア競争法を研究している米国教授と制度導入の可能性について意見を交換したとき、「オーストラリアでは仲間（crony）を裏切らないという文化が強いので、導入は困難だろう」と聞いたことがある。課徴金減免制度は2005年、独禁法改正によりわが国に導入され、2006年1月に施行された。最初の制度利用者は、首都高速道路公団発注のトンネル換気設備工事の入札談合への関与を公取委の立入検査前に自主申告した三菱重工業で課徴金は全額免除、立入検査後に公取委に情報を提供して課徴金3割の軽減を受けた2番手、3番手が石川島播磨重工業と川崎重工業であったことが「産業界に大きな衝撃を与え」（注32）、他の企業にも制度の利用を促すことになり、独禁法の実効性が向上した。その後オーストラリアも制度を導入、カルテルに参加した企業が海外の競争当局への自主申告を検討する時代となった。

　1999年4月16日、私は、「特許・ノウハウライセンス契約に関する独占禁止法の指針（原案）」に関する意見書を公取委に提出した。IBM顧問弁護士として最後の公取委への意見陳述であったが、原案を支持しつつ、ⓐ原案では、特許が方法の特許に限定されているので、物の特許も含めるべき、ⓑノウハウの定義に用いられている「秘密性」という表現はあいまいなので、「秘密として管理されていること」と「公然と知られていないこと」と明記すべき、ⓒ「権利の行使と認められる行為」ではあるが、「技術保護制度の趣旨を逸脱」するものとは、どのような行為をいうのか具体的に示してほしい、などとコメントするものであった。

(2) 知的財産権法

①特許と営業秘密

　コンピュータ・プログラムが独立商品化する1970年代には、特許法の要件をみたせば、ソフトウェア関連発明にも特許が付与されるようになり、1990年代にな

るとIBMが取得する米国特許の約30％はソフトウェア関連特許が占めるようになる。1998年7月、連邦巡回控訴裁判所（CAFC）がステート・ストリート・バンク事件で、ビジネスの方法も有用、具体的かつ実体的な（tangible）結果が得られるものは、特許の対象になると判示すると（注33）、わが国でもビジネス方法特許（ビジネス・モデル特許）に対する関心が高まり、それまで特許出願をしたことのなかった企業もバスに乗り遅れまいとする動きを示す。特許庁の対応が注目されたが、特許庁が2000年10月、「ビジネス方法の特許」に関する対応方針を発表し、ビジネス関連特許の出願は、「コンピュータ・ソフトウェア関連発明の審査基準」の改定により取扱いの明確化を図るほか、先行事例情報の充実・提供を行うなどの対応が示され、また日米欧3極特許庁専門家会合などで運用方針の調整を始めたので、企業社会も落ち着きを取り戻す。営業秘密の侵害行為に対し、民法にもとづく損害賠償請求権に加え、1990年改正不正競争防止法が差止請求権を創設し、営業秘密の民事的な保護強化が図られたこと、及び、1993年改正について通産省のヒアリングに応じたことは前に述べた。刑事的には、無形の営業秘密の侵害行為の処罰が立法政策上の課題として残ったが、2003年改正で対応される。

②「マルチメディア著作物」

1995年2月、「著作権審議会マルチメディアに係る小委員会ワーキング・グループ検討経過報告――マルチメディアに係る制度上の問題について」が発表され、日本IBMにも意見書を提出する機会が与えられた。

「マルチメディア」とは、①情報を伝達するメディアが多様になる状態、また②コンピュータで映像・音声・文字などのメディアを複合し一元的に扱うことをいうが（広辞苑第6版）、媒体（メディア）の単複に意味はなく、テキスト（言語の著作物）、音声（音楽の著作物やレコード）、静止画（美術や写真の著作物）、動画（映画の著作物）の組み合わせを意味し、通常はCD-ROMのような単一の媒体中に存在するが、新たに「マルチメディア著作物」という著作物のタイプまたはカテゴリを創設する必要はないし、認めるべきでもない。このような意見書を1995年4月28日、文化庁文化部著作権課国際著作権室に提出した。

③著作権とBSA

IBMは、ソフトウェアの権利を保護するためにアップル・コンピュータ（以下「アップル」）やマイクロソフトなどが1988年米国で設立したビジネス・ソフトウェア・アライアンス（BSA）に参加していたが、IBMソフトウェアに対する

権利侵害行為については、単独で必要な法的措置を講じていた。

　BSAは、日本でも1992年から著作権意識を高めるためのセミナー、ユーザーの質問や内部告発を受け付けるホットラインの設置などの活動を行っていたが、1994年５月にはノベル社長を日本代表に任命し、違法コピーに対し、積極的に対応する方針をとるようになった（注34）。日本IBM在職中、私がBSAの活動と関係したことはなかった。1998年の３月５日と４月24日の２回にわたり、BSAがインターネット上に開設している「BSAホットライン」に、株式会社東京リーガルマインド（以下、「被告」）がアドビ・システムズ、アップル及びマイクロソフト３社（以下、「原告ら」）のソフトウェアを違法にコピーしていると告発するメールが送付され、原告らは、その後の調査にもとづき、1999年２月22日、東京地方裁判所に証拠保全の申立を行い、同年５月20日被告の高田馬場西校で検証（証拠保全手続）が実施された。その後、当事者間で和解のための話し合いがもたれたが、被告の答弁書によると、原告らが損害賠償として正規ソフトウェアの使用料金（正規代金）の２倍相当額とその0.5倍の弁護士費用の支払を求めたので、和解は成立しなかった。そこで原告らは著作権侵害にもとづく損害の賠償を求め、東京地方裁判所に訴訟を提起した。

　本訴で被告は、シュリンクラップ方式で提供される本件のようなプログラムは、プログラムの生涯収入を一括前払いさせる附合契約にもとづき提供されているので、被告が一時的に無断使用したプログラムを真正なプログラムに置き換えたことにより、無断使用による損害は、生涯収入に包摂され支払われたことになる。附合契約は、作成者の原告らに厳しく解釈されるべきである、と主張して、原告らの請求を棄却するよう裁判所に求めた。被告の訴訟代理人が日本IBMの元ゼネラル・カウンセルであったため、原告らが、「裁判所の誤解を防ぐため、『被告の主張は、IBMの見解ではない』と述べてほしい」とIBMに求め、IBMの知的所有権担当弁護士が私に陳述書の提出を依頼してきたので、私は2000年９月29日、「純正なコンピュータ・プログラムを後日購入すれば、過去の違法複製行為による損害が賠償されたことになる」という見解をIBMも日本IBMもとったことはない、仮に被告の主張が通用することになれば、違法複製をしても発覚後に純正プログラムを購入しさえすれば過去の違法行為の損害が解消されることになるので、無断複製行為を助長させることになるという陳述書を裁判所に提出した（注35）。

④標準化と知的財産権

「標準」とは、ISOの定義によれば、「与えられた状況において最適な秩序を達成することを目的に、共通的に繰り返して使用するために、活動又はその結果に関する規則、指針又は特性を規定する文書であって、合意によって確定し、一般に認められている団体によって承認されているもの」をいう。標準は、日本では規格とも言い、ⓐ基本規格・用語規格、ⓑ試験方法の規格、ⓒ製品規格、ⓓプロセス規格、ⓔサービス規格、ⓕインターフェース規格、ⓖ提供データに関する規格を含む。標準化とは、標準を作成することをいい、ユーザーの選好により市場で形成されるデファクト標準（事実上の標準）、標準化団体によって承認された標準（デジュール標準）、任意のフォーラムに参加した者が協議のうえ作成するフォーラム標準（コンソーシアム標準）がある。標準化の目的は、ⓐ放置すると複雑化する製品や情報の単純化、ⓑ互換性の確保、ⓒ言語・文字など伝達手段の統一、ⓓ計量単位の統一、ⓔ安全性の確保、ⓕ経済的効果など、さまざまである（注36）。

IBMは、標準化の重要性を認め、多くの国で標準化活動に参加していたが、標準化の目的や討議の進展によっては、IBMの知的財産権が標準化に必須と判断される場合が生じる。このような場合に、IBMが、知的財産権を標準化のためにライセンスするか否か、及びライセンスするときの条件は、権利者であるIBMの専権に属する問題であるので、標準化団体への加入は弁護士による事前の同意が必要とされ、標準化会議の過程でこのような問題を認知した社員はIBMが知的財産権を有していること、およびライセンスするか否かはIBMの専権事項であることを明確に告げなければならないと指示していた。知的財産権は、知的活動を奨励するために国が研究者、開発者に与える専有的な権利であるから、標準化に必要と主張する人がいるからと言って、安易に拠出したり、放棄することはできない。このためIBMは標準化の必要性と知的財産権保護の必要性を慎重に検討するようにしており、必要と認めたときは、知的財産権を標準化のために提供した。たとえばIBMが開発し1957年に発表した科学計算用言語FORTRANを米国規格協会（ANSI）に提供し、ANSIは1966年、FORTRANをANSIの規格に定めたが、これは初のプログラミング言語の規格であった。また1977年に開始されたOSI（開放型システム間相互接続）の開発にはIBMも参加していたが、1987年IBMは、1974年に発表したシステム・ネットワーク・アーキテクチャー（SNA）中、OSIに採用された部分については、著作権を放棄すると申し出ている。

IBMは、標準化に必要という理由で、政府が知的財産権の保有者に対しライセンスを命令する、強制許諾制度には原則的に反対する見解を持っていたが、知的財産権の権利者はIBMと同様の見解を持っていたので、IBMのみが孤立するということはなかった。相互運用性のために必要な情報という理由で、IBMシステムのインターフェース情報を裁判所や競争当局の命令で開示させようという動きは、米国やEUで1980年代まで続いたが、IBMは、IBMコンピュータに接続される周辺装置が増えるほど、コンピュータが売れるので、相互運用性に必要な情報は自発的に開示しており、問題を市場にまかせるべきであると主張し、米欧の競争当局も受け入れている。

4.　政治家・公務員との公正な関係

(1)　政治献金

　取締役は、会社の規模、経営実績、その他社会的・経済的地位および寄付の相手方など諸般の事情を考慮して合理的な範囲内において政治資金の寄付をすることができる（注37）。しかしIBMは、どの国でも政治献金をしない方針をとっていたので（1977年版BCG参照）、日本IBMが政治献金をしたことはなかった。役員が個人として自分のポケットから政治献金をするのは自由であり、社員の勤務時間外・会社施設外の個人的な政治活動は自由であった。

(2)　公務員との公正な関係

　公務員は、国家公務員法、国家公務員倫理法、地方公務員法、条例などにより、行動規範が定められているが、公務員が職務に関し金品その他価値あるものを受領すると、刑法の収賄罪で、提供者は贈賄罪で処罰される。IBMが公務員に対する過大な接待や贈物を禁止していることは前述したが、社員研修でも、贈賄やカルテル行為をする社員は、IBMとの雇用関係の終了を覚悟しなければならないと話していた。

(3)　外国公務員との公正な関係
①海外における腐敗行為と米国政府の対応
　連邦議会の要請を受け、証券取引委員会（SEC）は、1974年から米国企業の海外における事業行動（business practices）の調査を開始し、米国企業による疑

問または違法性のある支払に関する報告書を1976年議会に提出した。SECによると、フォーチュン誌上位500社中、117を超える企業が外国政府高官に３億ドルを超える疑わしいまたは違法な支払をしていた（注38）。国外における贈賄行為を規制する動きが始まり、1977年12月７日、連邦議会は、Foreign Corrupt Practices Act（FCPA、海外における腐敗行為禁止法）を制定、カーター大統領が12月20日に署名する（注39）。FCPAは@米国企業が自国公務員のみならず、海外の政府高官（foreign officials）に賄賂を贈ることを禁止し、違反者に刑罰を課すとともに、ⓑ上場企業にすべての支払に関する適切な記録と会計管理手続き維持の義務を課した。これを受け、IBMは全世界の子会社にFCPAの遵守を徹底するよう求めたので、日本IBMもこれに応じる措置をとっている。

　②OECDと日本

　FCPAの制定前は、米国に限らず、日本やヨーロッパ諸国においても、自国民による外国公務員への贈賄行為は犯罪ではなく、放任していた。FCPAの制定の際には、米国企業のみが国際競争上の不利を強いられるという批判があり、その後連邦議会は、1988年改正FCPAで大統領に対し、OECD諸国と外国公務員に対する贈賄を禁止する国際協定締結交渉を行うよう求める。交渉の結果、OECDは1997年に「国際商取引における外国公務員への贈賄を防止する条約」を採択、これに応じわが国も1998年不正競争防止法改正により、外国公務員贈賄罪を新設した（注40）。

（4）司法取引

　タイの火力発電所建設をめぐり、タイ運輸省高官に4000万円相当の賄賂を贈った罪に問われた三菱日立パワーシステムズ株式会社の執行役員と部長に対し、東京地裁は2019年３月１日、外国公務員贈賄罪（不正競争防止法違反罪）で執行猶予つき懲役刑を言い渡した。司法取引により捜査に協力した会社は不起訴となったので、罰金刑を免れた（注41）。

　贈収賄、背任、談合・価格カルテル、有価証券報告書虚偽記載など特定の財政経済犯罪や薬物銃器犯罪などの組織的な犯罪に関し内部の者の関与状況を解明し、首謀者を特定するためには関係者の協力が必要である。「証拠収集等への協力及び訴追に関する合意」制度を2016年改正刑事訴訟法（2018年６月１日施行）が導入したのは、この協力を得るためである。制度は、合意制度（注42）、一般に司法取引（制度）と略称されるが、検察官と被疑者・被告人（以下「本人」）

が、弁護人が同意する場合に、本人が、共犯者など他人の刑事事件の解明のため
ⓐ真実を供述、証言し、ⓑ証拠を提出するなどの協力行為をし、検察官は、本人
の協力により得られる証拠の重要性、関係する犯罪の軽重・情状その他の事情を
考慮のうえ、ⓐ不起訴処分や公訴の取消し、ⓑ訴因・罰条の変更、ⓒ軽い求刑な
どに合意する（刑訴法350条の2）。留意すべきは、この制度は、価格カルテルな
どに適用される独禁法の課徴金減免制度（リニエンシー・ポリシー）のように一
定の条件に合えば必ず適用されるものではなく、また検察官が軽い求刑をして
も、裁判官を拘束しないことである。制度利用の前に、弁護士と慎重な検討をす
るとともに、共犯者（他人）が検察官にアプローチする前に対応することが必要
なので、組織内に法令遵守の精神を徹底し、犯罪の計画や実行行為を知った役職
員が不利益取扱いを危惧することなく、問題をトップや弁護士に通報できる体制
を整備することが肝要である（注43）。

5. 役員の責任をめぐる判例

(1) 株主代表訴訟

　新任の役員（関連会社役員を含む）のオリエンテーションでは、法務部門も、
「取締役（監査役）に関する法制度」というテーマで、コーポレート・ガバナン
スの仕組みや、役員の善良な管理者としての注意義務、経営判断の原則（注
44）、法令遵守体制整備義務などを解説したが、役員の責任をめぐる訴訟や判例
を具体的に紹介し、役員の記憶にとどまるよう工夫していた。株主代表訴訟制度
は、1950年改正商法（当時の会社法）に導入されたが、訴訟費用は株主の負担で
あり、訴訟申立手数料（訴状に貼用する印紙税）が訴訟金額（訴額）に応じて課
されたので、その後40年間に約20件の訴訟が提起されただけであった（注45）。

　バブル経済の出現と崩壊の過程で多数の企業不祥事が明るみに出ると、役員に
対する責任追及を容易にするため、1993年、株主代表訴訟の申立手数料を一律
8200円にするとともに、勝訴株主が会社から弁護士費用や調査費用を受領できる
よう、制度が改正される。1993年10月１日の改正法施行日には、ゼネコン汚職に
関与した準大手、間組（ハザマ）の役員を被告として、仙台市長、茨城県知事お
よび三和町長に対する違法政治献金および賄賂の提供を会社の損害とみなし、そ
の賠償を請求する代表訴訟が東京地裁に提起され、その後毎年30件ないし50件の
代表訴訟が提起されるようになる。また原告勝訴の判決が、三和町長に対する贈

賄行為をめぐる東京地裁1994年12月22日（ハザマ事件）判決（注46）、イランへのミサイル部品不正輸出をめぐる東京地裁1996年 6 月20日（日本航空電子工業事件）判決（注47）と下される。

　このような動向を懸念した経団連が、訴訟を抑制するため制度改正に動く。当時、日本IBMの役員が経団連の活動に参加する機会が増えていたので、役員の参考にするため、私は1997年 9 月 3 日、経団連の法改正の要請に関し、個々の論点を解説した後、ⓐ代表訴訟における裁判所の判断はおおむね妥当であり、ⓑ制度改正の要請は、続発している不祥事の一段落後に提案した方が社会の理解を得られやすいのではないか、ⓒ大会社の監査役会が社外監査役を含む監査役全員で合意したときは、株主代表訴訟を制限できることにする案は、独立社外取締役が多数を占める米国企業の取締役会の判断と日本の監査役会の判断とを同様に扱うもので、社会の理解を得られないのではないか、という理由を挙げ、「当面、法改正は提案せず、さらに検討を続ける」という意見を述べている。

(2) 企画と実行、隠ぺいか公表か

　違法な事業行動も、企画（検討と決定）の段階から実行に進むが、ハザマが三和町長への贈賄を企画（共謀）した後に取締役に就任した被告が株主代表訴訟で「自分は、社内で贈賄が決定された後に取締役に就任したので、責任はない」と主張して争った。しかし裁判所は贈賄の共謀行為が取締役就任前に行われていたとしても、共謀にもとづく賄賂の交付行為が被告の取締役就任後に実行された場合には、取締役（被告）の行為として、責任追及の対象になると判示している。

　それでは、実行行為の終了後に、行為を知った役員はどのように行動すべきか。隠ぺい工作をしてはならないことは大和銀行事件判決で、偽証をしてはならないことはロッキード（丸紅ルート）事件で有罪判決を受けた丸紅取締役の例を挙げるまでもなく明らかである。「積極的には開示しない」ことにするのはどうか。ダスキンのフランチャイズ、ミスタードーナツで提供している肉まんに食品衛生法上使用が許されていない添加物が使用されていたことを事後的に知ったダスキンの取締役と監査役が「積極的には開示しない」ことにしていたところ、マスコミが事実を報道し、フランチャイジーに対する補償などでダスキンに多額の支出が生じた。販売当時の担当取締役を除く、経営陣（取締役10名及び監査役 1 名）に損害賠償を請求した株主代表訴訟で、大阪高等裁判所は、被告らが事実を知った後、販売中止の措置や消費者への公表など、商品回収の手だてを尽くすこ

とを検討していなかったことから、被告らの責任を認め、総額約5億5000万円の賠償を2006年6月9日の判決で命じている（注48）。法律に開示を命じる規定がない事件でも、まず証拠保全を社内に徹底し、社会が正当な関心を持つ問題は、積極的に公表し、是正措置、再発防止措置をとるべきということになる。

　個人情報の漏洩事故も社会の関心事である。2021年改正個人情報保護法が、一定の事故を認知した事業者に対し、本人への通知と個人情報保護委員会（2016年1月1日設置）への報告を義務化したことも（26条）、企業行動のあり方を示している。

　次に、判例のモニタリングにもとづき、日本IBMが制度を変えた例を紹介する。

6. 男女別定年制をめぐる下級審判決

(1) 伊豆シャボテン公園事件判決

　定年を男子57歳・女子47歳と定めた就業規則を公序に反し無効とする東京高裁伊豆シャボテン公園事件判決が下されたのは、1975年2月26日であるが（注49）、数か月後に手元に届いた判例時報で確認した判旨は次のようなものであった。

　① 労働基準法3条は、国籍、信条、社会的身分を理由とする差別を禁止し、性別を理由とする差別について規定せず、同法4条は、性別を理由とする「賃金」差別を禁止することから、同法は、賃金以外の労働条件に関しては、女性に対する差別を直接禁止の対象とするものではない。

　② また法の下の平等を定めた憲法14条も、政府が私人の人権を保障する規定であって、私人間の行為を直接規律するものではない。

　③ しかしながら、国・公共団体と私人との関係において憲法14条が保障する男女平等の原理は、元来、憲法24条（両性の本質的平等）と相まって社会構造のうちに一般的に実現されることを基調としているので、合理的理由のない差別の禁止は、一つの社会的公の秩序の内容を構成していると解される。従って、労働条件についての差別が専ら女子であることのみを理由とし、それ以外の合理的理由の認められないときは、不合理な性別による差別を定めた就業規則の規定は、民法90条により無効である。

　このように説いたのち、裁判所は、ⓐ 企業合理化の必要、ⓑ 組合の同意の存

在、ⓒ 女子向きの職場と男子向きの職場とが完全に区分されているところ、女子向きの職場において中高年女子は能率が低下し、不向きな職種が多い、ⓓ 女子従業員は能力が低く、管理的能力や各種の専門的業務を習得する能力を欠き、他の職種への配置転換が不可能である、ⓔ 女子は40代後半には男子より早く労働能力が低下する、ⓕ 女子は男子に比して企業貢献度が低く、年功序列型賃金体系のもとでは賃金と労働能力との不均衡が男子より早期に生じる、ⓖ 男子は家計維持者であるのに、女子は家計補助的労働であって40代後半まで労働する者が少ない、ⓗ他の企業においても一般的に男女別の定年制を定めている、などという使用者側の主張は、すべて合理的な理由とはいえないとして退けた。

(2)　1975年以前の下級審判決

　私は、入社時に配布を受けた就業規則をよく読んではいなかったが、判決を読んで、あらためて会社の就業規則が定める男子60歳・女子55歳の男女別定年制（以下「本件定年制」）への影響を検討する必要があると考え、男女別定年制をめぐる裁判例を調査した。その結果、過去の下級審判決には、男子55歳・女子50歳の定年制を定める労働協約を有効とした1973年 3 月12日の東京高裁の日産自動車（仮処分）事件判決はあるが（注50）、複数の下級審判決（下記）が男女別定年制を違法・無効としていることを確認した。しかしいずれの判決も、男子60歳・女子55歳の男女別定年制の効力について判断したものではなかった。

判決期日	違法、無効とされた男女別定年制
東京地裁1969年 7 月 1 日 （東急機関工業事件）	男子55歳・女子30歳（注51）
盛岡地裁1971年 3 月18日 （岩手県経済農協連事件）	男子55歳・女子31歳（注52）
東京地裁1973年 3 月23日 （日産自動車（本案訴訟）事件）	男子55歳・女子50歳（注53）
名古屋高裁1974年 9 月30日 （名古屋放送事件）	男子55歳・女子30歳（注54）
東京高裁1975年 2 月26日 （伊豆シャボテン公園事件）	男子57歳・女子47歳

(3)　本件定年制の合理性

　当時、IBMの定年制と同様の男子60歳・女子55歳の男女別定年制を採用してい

た企業は、厚生年金の支給開始年齢が男子60歳・女子55歳であることを、制度正当化の一理由にしていた。しかし年金支給開始年齢の相違は、働く意欲と能力のある女性を55歳で職場から排除する理由にはならないと思われ、また男女の職務遂行能力、勤続年数、貢献度の相違という主張も、下級審判決の動向に照らすと、男女別定年制の正当化理由にはならないと思われた。そこで私は、本件定年制の効力が裁判所で争われた場合には、会社が勝つ可能性は極めて低いという結論に至り、1975年12月4日、就業規則を改正すべきという意見書を作成、会社に提出した。これに対し人事・労務部門がセカンド・オピニオンを依頼した顧問弁護士は、本件と同様の男女別定年制を違法とした判決のないことなどを理由に、会社の就業規則は適法・有効で、改正の必要なしという意見であったが、会社は、「女子の定年を60歳に引き上げることにするが、タイミングは会社にまかせてほしい」と言い、結局1979年1月、定年を男女ともに60歳とした（注55）。

(4) おわりに

　伊豆シャボテン公園事件判決などの下級審判決がIBMに予防法務的な行動をうながした例を紹介したが、最高裁判所が定年を男子60歳・女子55歳に改めた日産自動車の男女別定年制を公序に反し無効とする判決を下したのは1981年3月24日であった（注56）。1985年に成立した男女雇用機会均等法は、募集・採用など雇用の限られた局面でのみ事業者に雇用機会均等の努力義務を課すに過ぎなかったが、定年、退職、解雇などの雇用終了局面に関しては、最高裁判決を考慮し、差別禁止規定が置かれた（注57）。

注 1　告訴事件は、その後、両社間の和解の成立により取り下げられたが、日経マグロ
　　　ウヒル社が元請（アテナ社）との取引を停止したため、アテナ社が宛名印刷を委託
　　　した下請（長野県計算センター）に対し善管注意義務（機密保持義務）違反を理由
　　　に損害賠償請求訴訟を提起し勝訴した。東京地裁1973年 2 月19日判決・判時713号
　　　83頁
注 2　大阪地裁1982年 9 月 9 日（近畿相互銀行事件）判決・判時1067号159頁
注 3　最高裁1983年11月24日決定・判時1099号29頁
注 4　東京地裁1985年 2 月13日（新潟鉄工事件）判決・判時1146号23頁
注 5　東京地裁1985年 3 月 6 日（総合コンピュータ事件）判決・判時1147号162頁
注 6　大阪地裁1982年 7 月27日（三和銀行事件）判決・判時1059号158頁。判決当日の
　　　朝日新聞夕刊は、「電算機への信頼を損なう」と第一面で報道したが、瀬戸内寂聴
　　　は、女性被告人の再生を願う談話の中で、「コンピュータに対する信頼を失わせる
　　　犯罪などと言われていますが、本質はほれた男に女がだまされたという、ごくあり
　　　ふれた事件に過ぎません」と述べている（同紙10頁）。なお男性被告人は懲役 5 年
　　　の実刑に処された。
注 7　拙稿「アメリカにおけるコンピュータ犯罪立法」法とコンピュータ第 1 号（1983
　　　年 7 月 1 日）
注 8　第二東京弁護士会・刑法改正特別委員会「こだち」25号（1987年 3 月16日）に掲
　　　載
注 9　このほか、157条、158条の改正で電磁的公正証書原本不実記録及び供用罪が、
　　　258条、259条の改正で公用及び私用電磁的記録毀棄罪が新設された。
注10　拙稿「情報セキュリティをめぐる法的話題」電子情報通信学会誌79巻 2 号
　　　（1976）
注11　業務上横領罪の例として前掲注 4 、背任罪の例として前掲注 5
注12　辛島睦・飯田耕一郎・小林善和「Q&A電子署名法解説」（三省堂、2001年）
注13　Samuel D. Warren & Louis D. Brandeis, The Right to Privacy, 4 Harv.
　　　L.Rev.193, 214 - 216（1890）
注14　判時385号12頁
注15　最高裁1981年 4 月14日（前科照会事件）判決・民集35巻 3 号620頁
注16　最高裁2003年 9 月12日（早稲田大学事件）判決・判時1837号 3 頁
注17　1977年版BCG
注18　ウォール・ストリート・ジャーナル（1975年10月 2 日）、ハーバード・ビジネ
　　　ス・レビュー（1976年 9 ・10月号）
注19　IBM, Protecting Privacy and Securing Data 17（1997）
注20　MacPherson v. Buick Motor Co., 111N.E.1050（N.Y.1916）
注21　Escola v. Coca Cola Bottling Co. of Fresno, 150P. 2 d 436（Cal. 1944）
注22　Henningsen v. Bloomfield Motors, Inc., 161 A. 2 d 69（N.J. 1960）
注23　Greenman v. Yuba Power Products, 27 Cal. Rptr. 697（1963）, 377P. 2 d 897
　　　（1963）
注24　樋口範雄「アメリカ不法行為法（第 2 版）」（弘文堂、2014）271 - 289頁。私は
　　　1973年、当時の米国製造物責任法の概要をベーカー・アンド・マッケンジー

（ニューヨーク）の米国弁護士と2人でまとめたことがある。前年の夏ごろからボストンで建築中のガラス張りの壁を特徴とするジョン・ハンコック・タワーからガラスが落下する事故が続き、損害賠償責任の問題が社会の関心を呼んでいたので、日本のガラスメーカーに勤める知人（S.K.氏）が依頼してきたのであった。タワーはカーテンウォールの二重ガラスを熱線反射ガラスに変えるなどの設計変更により1976年に完成した。私は、欠陥車問題を含め自動車メーカーからの法律相談に関与したことはなかったが、1971年12月、自動車メーカーのサンパウロ営業所勤務の高校のクラスメート（O.I.氏、のち同社取締役）からの手紙でブラジルの弁護士の紹介を依頼され、ベーカー・アンド・マッケンジーのサンパウロ事務所のパートナーを紹介したことがあった。O.I.氏は、2021年1月25日死去、享年82歳。

　　ニューヨーク事務所では、日系米国人パートナー（Jiro Murase 弁護士）が1971年に独立、Wender, Murase, White & Briger を開設したため、日本企業からの依頼がなくなり、「日本ではまだまだ依頼会社と弁護士の関係は、個人的な信頼関係が大きな要素を占めており、組織としての依頼会社と法律事務所の関係まではなかなかなり難い」（桝田淳二「国際弁護士」、日本経済新聞出版、2010年、18頁）といわれるのと同様の経験をした。

注25　消費者庁消費者安全課編「逐条解説・製造物責任法（第2版）」（商事法務、2018）18－24、258－260頁

注26　「逐条解説」（前掲注25）8－11頁

注27　福岡地裁1977年10月5日（カネミ油症事件）判決・判時866号21頁、金沢地裁1978年3月1日（スモン病事件）判決・判時879号26頁

注28　製造物責任研究会「製造物責任法要綱試案」（1975年8月28日）、ジュリスト597号（1975年10月1日）16－17頁に掲載

注29　たとえば、1995年4月27日の講演「製造物責任法について」では、第三次不法行為法リステイトメント（Tentative Draft－1994）が、欠陥の種類により、判断基準を危険効用基準と標準逸脱基準に分ける方針を示していることを説明している。危険効用基準にもとづき、強化ガラスメーカーの製造物責任を否定した判例に、東京地裁2014年2月26日判決（前掲注25逐条解説81頁）がある。強化ガラスが製造過程で除去できない硫化ニッケルの膨張によって自然破壊し落下する可能性は、建築関係者に周知の事実であるが、強化ガラスは、建築物の採光及び景観等を保持するためには有用な建築資材であるため、破損により生じる危険性に対する防止策が講じられた上で国内外の多くの高層建物に使用されており、かかる可能性のあることをも前提として一般的に利用されているので、強化ガラスが通常有すべき安全性を欠いていたとはいえない、と判示した。

注30　Reynard v. NEC Corp., 887 F. Supp. 1500（Fla. 1995）

注31　Urbanski v. IBM（Dakota County D. Ct. Minn. 1995）とLewis v. IBM and Atex Inc.,（E.D.Pa.1995）。アーバンスキー事件に関する陪審の評決について、1995年3月10日付日本経済新聞夕刊参照。キーボードに関するISOの人間工学的要求事項には、キー配列、キートップの面積・形状、キー動作のフィードバックなど様々な項目が含まれる。IBMPCのキーボードのキー配列は、手前から4列目の英字が左からQWERTYと並んでいるのでQWERTY配列と呼ばれ、タイプライターのキー配

列として1890年代の米国で事実上の標準となったもので、現在はVDTキーボードの標準になっている。しかしこの配列については、母音がホームポジションから外れているので、指の移動が多く効率が悪いという批判もあり、1936年にドヴォラックが特許をとったDvorak配列は、左手のホームポジションに母音を配列しているので、左右の指を交互に用いる確率が高く、RSI（反復運動過多損傷）を予防する効果があるという人もいる。いずれにせよ、ユーザーが選好し日常的に使用しているキー配列を用いたキーボードの設計を欠陥ということは困難と思われる。

注32　根岸哲「平成17年独禁法改正法１年の評価」公正取引677号（2007年３月）２頁

注33　State Street Bank & Trust Co. v. Signature Financial Group, Inc., 149F.3d1368（Fed.Cir.1998）

注34　日刊工業新聞1994年５月21日

注35　東京地裁2001年５月16日（東京リーガルマインド事件）判決・判時1749号19頁は、プログラムの違法複製行為後に同一の正規品を市場で購入したとしても、損害賠償の額に影響を及ぼすものではない、と判示した。この件は、私がIBMの依頼を受けた最後の仕事となった。なお裁判所は、原告らの請求のうち、ⓐ正規品の小売価格相当額、およびⓑその10パーセント相当額の弁護士費用の請求を認めた。

注36　江藤学「標準化ビジネス戦略大全＝Lodestar of Standardization」（日本経済新聞出版、2021年）43、48頁

注37　最高裁1970年６月24日（八幡製鉄政治献金事件）判決・判時596号３頁。違法政治献金であれば、関与した役員の責任が追及される、東京地裁2000年12月20日鹿島建設代表訴訟和解（資料版商事法務203号203頁）、東京高裁2016年９月９日西松建設代表訴訟和解（同日付朝日新聞夕刊14頁）参照

注38　A. Fremantle and Sherman Katz, The Foreign Corrupt Practices Act Amendments of 1988, 23 International Lawyer 755（1989）

注39　Fremantle and Katz（前掲注38）、「海外不正支払い禁止法成立」（朝日新聞1977年12月８日夕刊）、カーター大統領が「海外不正規制法」に署名（日本経済新聞1977年12月21日夕刊）

注40　2003年10月31日には、自国の公務員、外国公務員、および公的国際機関職員に係る贈収賄を犯罪とする、「腐敗の防止に関する国際連合条約」が採択され、2020年８月現在の締約国は180か国以上にのぼる、森肇志他著「分野別　国際条約ハンドブック」（有斐閣2020年）152－168頁。なお外国公務員贈賄罪の初の適用例は、ベトナムのサイゴン東西ハイウェイ建設事業をめぐり、大手建設コンサルタントPCI（パシフィックコンサルタンツインターナショナル）がコンサルティング契約受注のため、政府高官に243万米国ドルを供与した事件で、東京地裁2009年１月29日判決（判時2046号159頁）は、PCI（会社）を罰金刑、役職員３名を執行猶予付懲役刑に処した。

注41　朝日新聞2019年３月２日37頁で「初の司法取引」と報道。なお取締役についても最高裁2022年５月20日判決で一審の有罪判決が確定した。司法取引第２号は日産自動車事件で、ゴーン会長の特別背任と有価証券報告書虚偽記載の捜査に協力した外国人執行役員と日本人秘書室長につき、2018年10月に司法取引が成立した。

注42　池田修・前田雅英「刑事訴訟法講義（第７版）」（東京大学出版会、2022年）163

－165頁

注43　斉藤雄彦監修、三浦亮太・板﨑一雄編著「ケーススタディ日本版司法取引制度：会社と社員を守る術　平時の備え・有事の対応」（ぎょうせい、2019年）69、70頁

注44　経営に関する判断は、複雑多様な状況のもと、迅速な判断を迫られる中で行われる総合的な判断でリスクをともなうものであるから、取締役の経営判断が結果的に会社に損失をもたらしたとしても、判断の前提となる事実の認識や意思決定の過程に著しく不合理な点のない限り、善良な管理者の注意義務（会社法330条、民法644条）違反とはならない、という原則（最高裁2010年7月15日判決、前掲第5章注13）。この原則を適用し、株主敗訴の判決を下した初期の判例に、子会社に対する融資をめぐる福岡高裁1980年10月8日（福岡魚市場事件）判決（判時1012号117頁）、証券取引法が禁止する前の損失補填をめぐる東京地裁1993年9月16日（野村證券事件）判決（判時1469号25頁）がある。

注45　法改正前の代表訴訟で、取締役に損害賠償を命じた判例として、取締役の自己取引をめぐる名古屋地裁1983年2月18日（東海圧延鋼業事件）判決（判時1079号99頁）、株主に対する利益供与（優待乗車券の無償交付）をめぐる高知地裁1987年9月30日（土佐電気鉄道事件）判決（判時1263号43頁）、自社株売買をめぐる最高裁1993年9月9日（三井鉱山事件）判決（判時1474号17頁）、財テクのため多額の借入金で株式投資をした責任をめぐる東京地裁1993年9月21日（日本サンライズ事件）判決（判時1480号154頁）がある。

注46　判時1518号3頁（賄賂のための支出を会社の損害と認定し常務取締役に賠償を命令）。なお仙台市長、茨城県知事関係の各訴訟も、ハザマ役員の請求認諾（株主実質勝訴）で終了した。

注47　判時1572号27頁

注48　判タ1214号115頁

注49　判時770号18－25頁

注50　判時698号31頁

注51　判時560号23頁

注52　判時626号99頁

注53　判時698号36頁

注54　判時756号56頁

注55　「50年史」559頁

注56　判時998号3頁

注57　櫻井龍子「森元首相の発言に思う」、法の支配202号（2021年8月）2頁

第7章

リストラクチャリングの時代

1. 事業再構築

(1) IBMにおけるバブル問題

　IBMは1990年に業績不振におちいり、翌年からは通年の決算が28億ドル（1991年）、49億ドル（1992年）と赤字になる。ジョン F. エーカーズ会長兼CEO（最高経営責任者）は、人員整理、配置転換、施設統合などのため、91年には37億ドル、92年には116億ドルの費用を充て、事業再構築（リストラクチャリング、「リストラ」）の努力を続けるが、業績は好転せず、1993年1月に辞意を表明する。

　社外取締役が後任に選んだのは、元マッキンゼー社コンサルタントでRFJナビスコ会長（CEO）のルイス V. ガースナー・ジュニアであった。1993年3月、IBMでの勤務経験のない会長がはじめて就任する。新会長は、コストの削減と企業規模の適正化に着手し、すべてのプロセスと資産の見直しを指示する。同年7月7日、会長は日本IBM本社でシニア・マネージャーたちに対し、「成長が無限に続き、繁栄が限りなく繰り返されると思い込んだ」ことが、「IBMにおけるバブル現象の原因」であると述べ（注1）、短期的な優先課題として、①適正な企業規模の実現、②お客様志向、③新しいコンピュータ環境への迅速な対応、④組織全体のモラール（士気）の向上の4点を掲げる。また同月、1995年末までに完了する予定で、89億ドルのリストラ費用を計上し35000人を削減する計画を発表し、93年に米国の人員削減を実施、94年には国外での削減を計画する（注2）。1994年、会長は、①テクノロジー・リーダーシップ、②顧客のための経営などの戦略を発表する。このうち、顧客のための経営という戦略には、何ら目新しいものがないように見えるが、5月に発表された「インダストリー特化型営業体制」は、100近くある米国外の子会社が独自の経営方針を採用し、準独立経営を行ってきたことにより、顧客に生じた非効率を改めるため、全世界の営業組織を金融、製造、流通、政府、教育、医療など14の主要な産業別に再構成し、グローバルに統合されインダストリー別に特化した社員のスキルと経験を顧客に提供することを企図していた（注3）。IBMの業績は、1993年第四半期から黒字に転じ、94年からは、年間決算も黒字となる。

(2) 日本IBMも業績悪化

　1990年、日本IBMの業績も悪化する。大型コンピュータ事業からの収益で自己満足におちいっていて、技術は保有しているのにダウンサイジングの大波に乗り

遅れたことが原因であった。1991年はじめ、椎名社長は、サービス会社に転換する方針を宣言（注4）、1992年にはアウトソーシング事業を開始し、8月には、コンピュータ・システム・リース株式会社（CSL）の株式をオリックス株式会社から買い受け、100パーセント子会社とし、リース事業を本格化する。しかし業績の低迷は続き、同年11月には、50歳以上の社員を対象に、通常の退職金のほか最高で年収の2年分相当額の支援金を支給する早期退職制度を、転職の相談に応じる体制を整えたうえで、実施する。このセカンド・キャリア・プログラム（SCP）実施の数か月前に、私は、人員整理に関する法制度を調査しているが、石川泰三法律事務所勤務時代に福岡地方裁判所や東京都地方労働委員会における人員整理事件を使用者側代理人として担当した経験があり（注5）、その後も労働法制のモニタリングは続けていたので、解雇措置をともなうことのないSCPに関する検討は、短時間で終えている。

　1993年1月、椎名社長が退任し、北城副社長が社長に昇任、3月にはCEOを兼務する。新社長は7月、営業、SE、サービス系の営業部門社員を対象に顧客サービスの向上を図るためのスペシャリスト制度を実施、10月には間接部門や本社部門の2500人をソリューション（顧客の問題解決を支援）、システム・インテグレーションなど、顧客と直接応対する部門に再配置する計画を発表し、あわせて、再配置の対象者となったため退職を選択する勤続10年以上の社員には、通常の退職金に加え月額給与の24か月分相当の特別退職金を支給することを人事部門が発表する。再配置計画の自部門への適用は部門長の判断に任されたので、私は、弁護士と弁理士には、制度の適用はないと発表する。わが国の法曹人口は少なく、社内弁護士の採用にも困難が生じていたことや（注6）、また合格率3パーセントといわれる弁理士についても同様の状況であることを理由としていたが、一人の弁理士が退職届を提出し、制度の適用を要求したことには困惑した（注7）。日本IBMの1993年決算は、構造改革を主な目的とした491億500万円の特別損失を計上したため、184億2800万円の損失となったが、翌年からは増収増益に転じる。なおインダストリー特化型営業体制は95年1月から導入された。

(3)　新たな価値の創造
①　研究と開発

　1956年、トーマス・ワトソン・ジュニアIBM会長は、IBMリサーチ（研究所）の基礎を作ることとなるエマニュエル・ピオールを主任研究者として採用する。

125

IBMの研究開発投資は、数年で製品化できる発明と、数十年も結果が生じない研究とに向けられるが、IBMリサーチは、多くの知的財産を創造する。社員による発明のうち、IBMが価値を認めたものは、特許が出願されるが、1993年中にIBMが付与された米国特許は、ソフトウェア関連発明を含め1087件で、IBMの取得件数は前年の6位から1位になった。社員の発明が特許出願に値するか社内で審査され、出願後、特許庁が審査し、特許を付与するまでには、時間を要する。IBMが1位という1994年1月の報道は、明るいニュースであったが、ガースナー会長就任以前からの社員の努力の賜物であった。新会長もIBMをテクノロジー企業と定義したので、会長の在職中、IBMの研究開発投資は大きく削減されることはなく、多くの知的財産が創造され、特許取得件数は毎年増加し、IBMは1993年以降も米国特許取得件数が最も多い企業の地位を守ることとなる（注8）。

　新たな価値の創造には、共同研究、共同開発など、IBM以外の組織とのコラボレーションも重要であり、日本IBMは、東芝との薄膜トランジスター方式ディスプレイ（TFT-LCD）の共同研究・開発の成果を活用するため、東芝との共同出資により、TFT-LCD製造事業を行うディスプレイ・テクノロジー株式会社（DTI）を1989年11月に設立している。事業開始後しばらくした1992年6月から7月にかけ公正取引委員会からDTI設立の目的や市場に与える影響について事情聴取（任意調査）があったが、東芝との共同研究・開発の経緯や、ディスプレイ市場には新規参入も活発で、DTIの市場占拠率が1パーセントにも満たないことなどを説明し、調査は終了した。

　また日本IBMは1990年、PC/AT互換機向けにMS-DOSに日本語処理機能を追加したDOS/Vを開発し、その普及のため1991年3月、他のパソコン・メーカーとともにオープン・アーキテクチャー推進協議会（OADG）を発足させた。従前は、ハードウェアで処理していた日本語をソフトウェアで処理できるようにしたもので、同業他社に不当な拘束条件なく公平にライセンスしたので、日本電気と富士通は参加しなかったが、IBM互換PCの普及を加速させることになった。

② M&Aによる革新

　M&Aは、確立された大企業が革新的な新興企業を買収することにより、新興企業の影響力を拡大させる。1995年6月、IBMは、PCソフトウェアの表計算とコラボレーション・プログラムで定評のあるロータス・デベロップメント社を32億ドルで買収し、1995年以降、プライス・ウォーターハウス・クーパース社のコンサルティング事業部門を含む160以上の事業を400億ドル以上を投資して買収す

る（注9）。なおロータス社のM&Aは、米国IBMのプロジェクトであったので、ロータスの日本子会社に関するデュー・デリジェンスは米国IBMが依頼した顧問弁護士により行われた。

　M&Aは新たな事業機会を創造するが常に成功するわけではなく、IBMでも定期的に見直しが行われている。

　③ 新しい景色——サービス事業

　1990年代にも情報技術の革新は続く。ユーザー企業は新製品・新技術の登場、技術の高度化・複雑化、マルチベンダ化、ネットワークの複雑化の対応に忙殺される。このような事業環境のもとで、日本IBMはサービス事業への転換を目指し、システム・インテグレーション（SI）やアウトソーシング・サービスに注力する。情報技術関連サービスは、ハードウェア保守サービス、テクニカル・サービス、コンサルティング、SI、アウトソーシング・サービスなどを含むものであるが、日本IBMの売上中に占めるサービス売上（ソフトウェアのライセンス収入は含まない）は、1999年には95年の32％から45％に成長する。サービス中ではSIの売上が最も多かったが、「97年から98年にかけ、日本を代表する大企業が次々と情報システムのアウトソーシングに踏み切った」ことが、社会の注目をひく（注10）。この間、日本IBMも、1997年11月に商船三井、12月大和銀行、98年 1 月オムロン、 4 月プロミスとアウトソーシング契約を締結する。IBMも、2002年11月にJ.P.モルガン・チェースから 7 年間で50億ドルの契約を取得するなど、サービス事業からの収入が2002年度には全売上の45％を占めるに至る（注11）。

2.　金融機関の不祥事と破綻

(1) バブル経済と失われた10年

　1985年 9 月の主要先進 5 か国の蔵相会議は、ドル高是正のための協調介入を決定（プラザ合意）、わが国は円の上昇を容認せざるを得なくなり、経済対策として金融の緩和を進める。これが、1986年10月からの大型景気の呼び水となり、大型景気は1989年12月に日経平均株価史上最高値をもたらす。

　大型景気は拡大の過程で、株式、不動産、美術品などへの投機を生み、バブル経済を表出させ、1988年 6 月には、リクルート・コスモスの未公開株を受け取った有力政治家、有力経営者、マスコミや大学関係者が一件あたり数千万円単位の利益を享受したリクルート事件（注12）、1990年 9 月には「戦後最大の経済事件」

といわれたイトマン事件（注13）、翌月には住友銀行事件が発生する（注14）。また1991年2月に始まったバブル崩壊の過程で、1991年6月には、「金融・証券不祥事」が表面化、同年8月には、衆議院証券金融問題特別委員会が、住友銀行、富士銀行、日本興業銀行、野村證券、日興証券のトップを証人または参考人として招き、事情を聴取する（注15）。経済界の危機感が高まり、経済団体連合会は、1991年9月14日、経団連企業行動憲章を制定し、会員企業に対し、法と法の精神の遵守を社内に徹底すること、および遵守状況をチェックする社内体制の整備を要請する（注16）。

しかしその後も東京佐川急便事件（1992年2月）、「ゼネコン汚職」（1993年6月－1994年4月）、日本下水道事業団発注の電気設備工事に関する電機メーカー9社の談合事件（注17）、大和銀行NY支店事件（1995年9月）、米国三菱自動車のセクシュアル・ハラスメント事件、（1996年4月）、1996年6月から翌年にかけては、高島屋、味の素、野村證券、第一勧業銀行、松坂屋、山一證券、日興証券、大和証券、三菱自動車、三菱電機、東芝、日立製作所などの総会屋への利益供与事件が表面化する。このような状況を懸念した経団連は1996年12月17日、企業行動憲章を全面的に改定する。この改定に、私は作業部会スタッフとして参加、「海外においては、その文化や慣習を尊重」すべしという憲章について経団連企業行動憲章実行の手引き（マニュアル）で「海外ではセクハラに注意する」と解説するか、国内では問題はないのかと活発な議論が行われたことを記憶している。

(2) 金融機関破綻の続発

①山一證券と拓銀も破綻

1997年から1999年にかけて、日産生命、三洋証券、北海道拓殖銀行、山一證券、徳陽シティ銀行、日本リース、日本長期信用銀行（98年10月一時国有化）、日本債券信用銀行（98年12月一時国有化）、東邦生命保険、東京相和銀行と金融機関の破綻が続発する。このうち山一證券と拓銀の破綻は、事後処理の一端に、私も関与した。

②山一情報システムの特別清算

山一證券は1997年11月22日に自主廃業を発表し、破綻するが、同社の子会社、山一情報システム株式会社（YIS）からシステム開発（97年3月－99年10月を開発期間とするシリウス・プロジェクト）を受託していた日本IBMは、8月10日以

降、度重なる催促にもかかわらず、システム開発代金の支払いを得られないので苦慮していた。貸倒処理をするにしても法的手続を経ておく必要がある。そこで、大企業の関連会社である顧客を訴えるのは異例ではあるが、YISに対する代金請求訴訟を東京地裁に提起した。翌98年には、YISの特別清算手続が開始された。その後、主張の整理が進んだ時点で裁判所が勧告したので、YISが日本IBMに対し17億2235万円の請負代金債務支払義務のあることを認め、また清算人が同額を日本IBMの申出債権として清算手続において認めることを条件に、和解を受諾した。私は、1998年の第一回期日に同僚の弁護士と2人で出頭したが、その後の手続は他の弁護士に担当してもらったので、99年6月の裁判上の和解成立後に、特別清算手続で配当を受けたという記憶がない。いずれにせよ、社内弁護士時代最大の貸倒事件となった。

　YISは、1980年代から山一證券系列の証券会社向けに証券共同システムをユニシスに委託して開発し、運用しており、97年11月末の倒産時には、19証券会社が勘定系の情報処理をYISにアウトソーシングしていた。YISのサービス停止に直面することとなった19社のうち、3社は他のアウトソーサと契約、2社は他の証券会社との合併により問題に対応していた。残る14社は、YISと同等の低価格でシステムを提供するアウトソーサがなく、YISは98年11月にサービスの提供を停止することにしていたため、対応に苦慮していたが、最終的には、日本電子計算（JIP）がYISと同等の価格を提示したので、アウトソーシングの目途がついたという（注18）。

③ 拓銀子会社のM&A

　北海道拓殖銀行（拓銀）は、1997年11月に破綻する。拓銀の情報システム子会社、拓銀コンピュータ株式会社（TCK）、および1984年8月に拓銀グループが設立し、1987年に日本IBMが株式の35％を取得していたシステム・フロンティア株式会社（SFK）の事業の見直しも始まり、1998年には、日本IBMがSFKの全株式を取得し100パーセント子会社にするとともに、TCKの全社員を転籍により引き受ける案が机上にのぼる。このM&A計画のため、日本IBMでは、SFK株式の価値を適正に評価し、買取価格を決める必要が生じ、SFKの事業、財務、技術などを全面的に調査する作業（デュー・デリジェンス）が財務部門の主導のもと、監査法人、ソフトウェア事業部、人事部、法務部によって実施される。法務のデュー・デリジェンスは、SFKの定款、商業登記簿謄本、組織図、株主総会や取締役会の議事録、官公庁の許認可関連書類、重要な契約書、事業活動が拘束され

るリスクの高い契約書、システム開発をめぐる紛争発生のリスク、紛争・訴訟の有無などを調査の対象とし、必要に応じ、SFKの役職員に直接確認するという方法で行われたが、法務部内での打ち合わせ後、実際の調査は、他の弁護士にまかせていた。SFKは、1998年4月1日、日本IBMの100％子会社となり、日本アイビーエム・ソリューション・サービス株式会社（ISOL）と社名を改める。ISOLは、同年3月に営業を停止したTCKの社員300人を採用、11月には拓銀システム部の行員を加え、600人体制の企業になる。

(3) 大和銀行事件判決の衝撃

　21世紀が迫る間にも、職員112人を処分した大蔵省の接待問題（1998年4月）、99年9月のJCO東海村事業所における臨界事故、2000年6月の雪印乳業事件と、ビジネス・エシックス（経営倫理）に反する不祥事が続く。ぬるま湯につかっていた経営者層に冷水を浴びせたのは、法令遵守体制の整備を怠っていた銀行トップに830億円もの損害賠償を命じた、大阪地裁2000年9月20日の大和銀行事件判決であった。「非常識」と非難されたこの判決は（注19）、やがて正当性を認知されていく。

　「失われた10年」は、日本再生の道が見えないまま、20年、30年となる。この間、日本の将来について危機感をいだき、1995年4月、総理府行政改革委員会の規制緩和小委員会座長となり、同年12月、規制緩和に関する要望をまとめた報告書「光輝く国をめざして」を作成した椎名会長は、日本が21世紀にも生き残るには、グローバルな舞台で通用する人材の育成が必要と説き、「若者、女性、地方、外国人」に期待すると述べて、「私の履歴書」を終えている（注20）。

3. 通常の事業活動

(1) コンピュータ研究委員会の米国視察

　リストラの時代にも、研究、開発、製造、営業などIBMの通常の事業活動は、1992年の大和研究所による小型で軽量のノート型コンピュータThinkPadの開発など、これまで以上の努力をもって続けられた。1994年の業績回復はその証しであるが、日弁連コンピュータ研究委員会による欧米司法界におけるコンピュータの利用状況の1991年調査に対するIBMの協力も、通常活動の例として挙げることができる。

　この調査は弁護士会館の建設を前に、「直接的には、新会館におけるコンピュータ利用のあり方の参考にするという目的、より広くは司法の分野（弁護士、弁護士会、裁判所の業務）におけるコンピュータの利用のあり方を調査する目的」で行われた（注21）。このうち、米国における調査先の選定は、IBMの法務部（Donato A. エヴァンジェリスタIBMゼネラル・カウンセル）の全面的な協力を得て行われた。米国における調査は、7月8日（月）ニューヨーク市のProsker、Rose、Goetz & Mendelson、Gravath、Swaine & MooreおよびWillkie, Farr&Gallagher の3法律事務所におけるコンピュータ利用状況の視察から始まったが、ある法律事務所で説明役の女性が「全弁護士にPCが配られたが、弁護士には、秘書に『君、使いたまえ』と言って渡し、自分はPCをさわらない者も多い」とか、「弁護士は紙が好きだから、紙の資料がなくなることはないだろう」と述べたことを思い出す。翌日は、ニューヨーク州アーモンクのIBM本社を訪問、9時30分から5時間にわたり、IBM法務部におけるコンピュータ利用状況についての説明と見学、この間、エヴァンジェリスタ弁護士のほか、A/PGのゼネラル・カウンセルをつとめたJ.W.S.デイヴィス、L.D.アンドリュー弁護士なども参加し、意思疎通を図ってくれた。その日の午後遅く調査団はデトロイトに飛び、10日は朝からデトロイト刑事裁判所（Recorder's Court）で事件進捗管理システム（Case Flow Management）の説明を受け、11日にはABA（シカゴ）を訪問、5時間にわたり、米国法律家によるコンピュータ利用状況の説明を受けたが、ABAが、情報システムの利用を企画し、法律家の利用を促すためには、システム技術に知見のある専門家の雇用が必要という判断から、専門家を採用したことを聞き、帰国後、日弁連にも同様の検討を促している。12日には最後の訪問先となったヒューストンのハリス郡刑事裁判所で事件管理システムを視察し、翌日、帰国の途についた。調査団は、①法律事務所において日常的にコンピュータが利用されていること、②裁判所では事件管理システムの運用が始まっていること、③判例情報検索システムの利用は法律事務所でも裁判所でも日常業務となっていることなどを報告した。

(2)　社内研修、教育

　リストラの時代にも、社員の研修や教育は行われた。

　1993年1月26日、IBM取締役会は、エーカーズ会長（1986年－1993年）の後継者探しを開始すると発表したが、前日の25日（月）から、私は2週間の予定で、

ニューヨーク州アーモンクの研修センターで管理者研修（Advanced Management School）に参加していた。研修は初日のセッションがIBMの1993年度の業績見通しが暗いという話で始まり、エーカーズ会長とのセッションもあったので、全期間を通じ、IBMのかかえる問題や事業のあり方などについて活発な意見がかわされるものとなった。朝6時30分からの任意参加の運動（Fitness Program）に始まり、朝食休憩後、毎日、8時30分から21時ごろまで続く研修は、金曜日は午後3時に終わり、土日はアーモンクの宿泊施設を離れ自由に過ごすことができたので、1月29日（金）の夜からはマンハッタンのホテルに連泊し、美術館、ミュージカル、ニューヨーク・シティ・バレーなどに行き、休日を過ごすことができた。1月31日（日）の朝まだ商店が開く前の時刻に、私はメトロポリタン美術館に行こうと、地下鉄駅に向かう途中の交差点で、黒人男性に接触され、「貴重な酒が入ったボトルがこわれた」と言い寄られた。しまったと思い、早足で振り切ろうとするが、追ってくる。前方のビルの1階駐車場に人影が見えるので、そこに急ぎ、係員にボトルマンを追い払ってもらうことができた。「海外出張中のセキュリティ」については、1990年7月、法務・知的所有権のセキュリティ担当が管理職宛のレターで、「前から来た男が擦れ違いざまに持っていたビニール袋を通行人にぶつけて落とす。中のビンが割れたので弁償しろと迫る」被害にあう例などを挙げ、注意を喚起していた。ミッドタウンはよく行ったので、交差点を渡るとき人の動きをあまり観察しなかったのではないかと反省している。

　1993年には、日本IBMの業績も悪化したが、社内弁護士のコーネル・ロースクール留学のための予算措置が進められた。海外留学の場合には、社員に対し、日本における給与や授業料とは別に家族とともに渡航する費用や米国における生活費を支給するので、部門として特別の予算措置・社長承認が必要だったのである。弁護士は、コーネル出身のゼネラル・カウンセル（エヴァンジェリスタ弁護士）に推薦状を書いてもらい、計画どおり、1994年8月に留学した。

4. 司法へのアクセス

(1) 法律家人口

①ささやかな主張

　わが国の法律家（弁護士、裁判官、検察官）の数は、国民人口を考慮すると、

先進諸国中で最も少なかった。毎年 3 万人の法学部卒業生のうち、司法試験合格者は数百名に限られている制度の影響であった。法学部卒業生が企業、官公庁、大学などで、法律に関する知識や経験を積み、法的サービスを提供しているので、司法試験合格者を増やす必要はないという見解もあったが、社内弁護士のリクルートに苦慮していた私は、ⓐ法律専門家として国家が認定していない法務スタッフ（パラリーガル）の能力を国民が信頼することはできないし、ⓑ違法行為に加担したり、黙認してはならないという法律家の職業倫理は、パラリーガルにはなく、ⓒ依頼者の秘密を守る権利と義務も、パラリーガルにないことを挙げ、国民（企業を含む）の法律家へのアクセスを容易にし、わが国に法の支配を徹底するためにも、司法試験の合格者数を「将来的にはフランス、西ドイツなどヨーロッパ諸国の法律家数に見合う程度にするが、とりあえずは千人程度まで増やすこととする」、「約 3 万人の大学の法学部学生のうち、上位10パーセント程度の学生が昼は大学の講義を聞き、夜は図書館で勉強するならば、4 年生の 2 学期の司法試験に合格するという制度を目標としたい」と主張した（注22）。これは、法科大学院構想が現れる前の主張であるが、その後も機会が与えられると、同旨の主張を繰り返している（注23）。国際化、自由化、情報化が進むわが国において、法曹人口が極端に少ないため、社会のニーズに応えられないという状況は、椎名会長も認識しており（注24）、経団連や経済同友会などで、法曹人口増員の必要性を説いていた。

②増員への動き

　1990年10月16日、法曹三者間で、ⓐ司法試験合格者を1991年から600人程度に、93年から700人程度に増員、ⓑ受験回数の少ない受験者等を合否判定で優遇する制度（丙案）を検証するため、91年から95年まで 5 年間実施、ⓒ法曹三者に有識者を加えた法曹養成制度改革協議会（改革協）の設置などを定めた「司法試験制度改革に関する基本的合意」が成立する。改革協は、司法の機能を充実し、国民の法的ニーズに応えるため、法曹人口を増加させる必要があり、そのために司法試験合格者を増加させる措置を採るべきである、という意見書を1995年11月13日、法曹三者（弁護士会、最高裁、法務省）に提出したが、合格者の具体的な増員数については意見の一致がなく、日弁連は1000人を主張し、法務省及び他の外部協議員の多数意見は1500人を主張していた（注25）。その後、政府が設置した司法制度改革審議会は2000年に3000人程度の新規法曹の確保を目指す案を発表、同年11月の日弁連臨時総会もこれを容認するが、やがて修習生の就職難から

実際の合格者数は約1500人に落ち着く。この間、弁護士数は徐々に増加し、2001年の18243名から2021年には43206名（2021年6月1日現在）と20年で2倍強に増大している。弁護士からは、収入や所得が大幅に減少したという批判がある一方、弁護士の平均では大幅減収に見えるが、20代、30代の弁護士が増加した影響が大きく、40代以上では生活状況はさほど悪化しておらず、弁護士は国民全体に法的サービスが行きわたるよう努力するべきである、という見解もある（注26）。

(2) あるべき法律家像と社内弁護士

①営業許可制度

かつては弁護士が法律事務以外の業務に従事する場合には、弁護士会による営業許可が必要であり（旧弁護士法30条）、社内弁護士は営業に従事するものとみなされていた。許可の申請に対する弁護士会の審査は、職業倫理に反する行為や、品位に反する行為をするおそれはないかと、慎重で、1973年1月に高石弁護士が日本IBMに入社するときは、第二東京弁護士会における許可手続きに7か月を要しているが、私が翌年申請したときは、先例があったので、常議員会（月1回開催）の審査を経て許可がおりるまで、1、2か月、柴田真宏弁護士が東京弁護士会に入会し、東レの社内弁護士になる許可を求めたときは、司法研修所在籍中に申請し、2、3か月で許可がおりている。これに対し、諸石光熙弁護士が1980年4月に大阪弁護士会に入会するときは、弁護士登録と同時に住友化学入社につき営業許可の申請をしたところ、取締役就任の許可申請であればともかく、たんなる管理職では職務の独立性と品位に問題が生じるのではないかという懸念から、小委員会を設置したうえで慎重な審査が行われ、結局、ⓐ弁護士会活動と弁護士法所定の公的な職務も引き受けること、ⓑ個人事件も引き受けること、ⓒ会社の中に諸石法律事務所と表示した部屋を設けることを条件に、12月になって許可が下りたという（注27）。

私は社内弁護士も職業倫理を守る義務があり、会社の違法行為を容認すれば弁護士資格を失うので、許可制は不要と考えており、社内弁護士に対する弁護士法30条の許可制度は、立法論として廃止すべきと考えていたが（注28）、21世紀になって制度は廃止され、届出制になった。

②理解と受容

社内弁護士の日常業務が法律事務であることについての理解は、第二東京弁護士会（以下、「二弁」）を中心に徐々に広がっていった。私は、IBMのオリエン

テーションが終わった翌月から、弁護士登録時から所属していた二弁内グループ、日比谷倶楽部（以下「クラブ」）の会合に出席しはじめ、1975年7月25日までに7回の会合に出席したほか、75年4月24日には、会内の他のグループ（会派ともいう）清友会の座談会にも出席し、日本IBM法務部での仕事の概要を話している。高石弁護士は、かつて他会派に所属していたこともあり、また法務部門の責任者として多忙であったので、主に講演の依頼を引き受けたときに、社内弁護士の業務を紹介していた。

クラブの会報「ひびや」に拙稿「社内弁護士の覚書」が掲載されたのは、76年10月1日であったが、間をおかずに、民事裁判修習時に指導教官だった鈴木潔判事が翌月21日発行の判例時報に転載の労をとって下さった。その後、司法修習生の会社訪問も増え、40期司法修習生の弁護実務修習のプログラムとして、1986年12月23日には二弁で「企業内弁護士（IBM）について」というテーマで、1987年1月9日には千葉県弁護士会の同様の依頼で講演の機会があった。

③「あるべき法律家像」

弁護士全体は、社内弁護士をどのように見ていたであろうか。1988年12月、日弁連シンポジウム「国民の裁判を受ける権利（三）――あるべき法曹像」が開催された。私は出席していないが、参加者の多くは、「法廷外業務が弁護士の活動として広範な分野で期待されている」が、大企業の法務の要請によるもので、一般市民・中小企業からの要請ではない、などという理由で、法廷外活動に対して消極的な態度をとる意見が続出し、弁護士の「在野精神」、「プロフェッション性」が強調され、企業ビジネスからの法的需要に応えることは、弁護士の変容につながりはしないかとの不安が表明されたという（注29）。

「在野精神」とか「プロフェッション」という用語に、論者がどのような意味を与えているかは不明であるが、「在野精神」を恣意的な権力の行使に法（憲法）をもって対抗する精神、あるいは「法の支配」という意味に解すると、1976年2月5日朝日新聞が報道したロッキードの資金提供問題で田中角栄前首相が同年7月27日に東京地検によって逮捕された事件は（注30）、日本にも法の支配が存在することをあらためて米国弁護士（IBMアジア太平洋地域本部勤務のジョンD.マッカーブ）に認識させた出来事で、私も誇らしく思ったし、コンピュータ・プログラムの法的保護のため、日本IBMの社内弁護士が通産省や文化庁に対抗したことも在野精神の表れといえよう。また「プロフェッション性」を法律専門家として研鑽を積み、依頼者に的確な法律意見を提供し、「黒を白と言え」と

いう社内の圧力（社長からはなかったが、営業部門の一部からはあった）に屈しないという意味にとれば、私もプロフェッションであるべく努力していた。しかしわが国の弁護士全体から見ると、社内弁護士はごくわずかで、どのような法律事務に従事しているのか理解困難な存在であった。従って弁護士の職務規範が検討されるときは、社内弁護士に特殊な倫理規範を課そうとする動きは、1990年代以降も続いた。しかし二弁では、クラブの推薦もあって、私を業務委員会や司法制度調査会の委員に任命し、また委員でないときも、社内弁護士を特殊視する規範制定の動きがあるときは、意見を述べる機会を与えてくれたので（注31）、職務規範は社内弁護士に困難を課すようなものにはならなかった。この間、私は、社内弁護士が自社の違法行為に加担したり、容認したりすれば、会社が摘発されると同時に、社内弁護士も調査の対象になるであろうから、社内弁護士の方が開業弁護士よりも法令遵守の精神を有していると考え、そのように弁護士会において主張していた。

(3) 判例へのアクセス

①1990年代の日本

1970年代は産業の情報化と、情報処理・通信技術の利用の拡大が続いた。情報化社会にあって、弁護士は一層迅速かつ的確な法的サービスを提供しなければならない。弁護士は、法令情報は比較的容易に入手できるが、判例については困難を感じることが多い。それはわが国の判例が網羅的かつ迅速に出版されず、裁判所の全判決中のごく一部が判決言渡後数か月を経て出版されるという実情に起因していた。

この問題を解決するため、日弁連は1981年11月、「法律情報検索システムの開発実用化についての提言」を発表し、全国の裁判所のすべての判決を言渡後すみやかに全文入力方式でデータベース化し、国民に提供することを目標とし、法曹三者による協議をすべきと呼びかけた。翌年から法曹三者を中心とする懇談会が数回もたれたが（注32）、情報交換にとどまり、コンピュータ研究委員会が欧米諸国の状況を調査、報告した1991年当時も、判例検索システムの開発具体化には至らなかった。

②ドイツとアメリカ

当時、日本とともに三大先進工業国といわれた米独の状況を見ると、ドイツでは、1984年から判例検索システムが実用化され、連邦裁判所が電子データにした

判決を政府出資会社ユーリスを介してオンラインで国民に提供していたし、アメリカでは、従前から民間企業2社が、レキシスとウェストローという判例検索システムを提供していて、多数の法律家が利用、1990年からは連邦最高裁判所がその判決全文を言渡日にオンラインで、レキシス、ウェストロー、ニュース配信会社など13団体に提供するサービスを開始していた。

③最高裁判所に切望

判例検索システムを開発、運用するために要する費用のうち、最大のものは、判決書をコンピュータに電子的に入力する費用である。この問題は、裁判所が最初から判決書をコンピュータで作成すれば解決する。当時既に多くの裁判官がワード・プロセッサーで判決書を作成していた。従って米独の裁判所と同様に電子判決を国民に提供する機は熟していた。私は、情報化社会における裁判の公開には、国民が判例に容易にアクセスできるシステムの提供も含まれると考え、まず最高裁判所の判決からその全文を即時オンラインで国民（具体的には、判例検索システム会社、ニュース配信会社など）に提供するよう、1992年2月、ジュリストに寄稿し訴えた（注33）。コンピュータ研究委員会が1996年に米国の状況を調査し、同様の訴えを最高裁事務局にしたことは前述したが、20世紀中には実現しなかった。

（4）訴訟制度改革

①訴訟手続のIT化

コンピュータ研究委員会が1991年夏に欧米の司法界を視察して得た知見にもとづき、私は、ⓐ訴状、起訴状、準備書面などの裁判所への提出、当事者への送達・送付は、電子データの交換により行うと、たとえば国選弁護事件について検察庁から裁判所、裁判所から弁護士会、弁護士会から担当弁護士へという起訴状の提出、送達、送付がコンピュータ・ネットワークで即日行えるようになり、刑事訴訟の期間が短縮できるようになる、電子データの交換は、ファクシミリに比べると情報品質の劣化がなく、受信者側は自動的にコンピュータ処理ができるという利点もある、ⓑ法廷での証言を速記器械に接続したコンピュータで即時に自動反訳し、裁判官席と当事者席のコンピュータ画面に表示すれば、反対尋問や補充尋問で利用でき、同じコンピュータで、法廷から全証言記録にアクセスし、他の証言との異同を照合できれば、審理の充実が期待される。また前述したように、ⓒ判決書をコンピュータで作成すれば、起案中の加除・修正も容易となり、

裁判官の判決書作成の労力が軽減され、判決を言渡後ただちにコンピュータ・ネットワークにより国民に提供できるようになる、と主張していた（注34）。

②民事訴訟法改正

1990年7月、法制審議会民事訴訟法部会は、民事訴訟を国民に利用しやすく、分かりやすいものにするため、民事訴訟手続に関する規定の全面的改正に着手した。審議の結果は、1991年12月、「民事訴訟手続に関する検討事項」として公表され、広く意見照会が行われたので、私は、コンピュータ研究委員会における検討と、IBM社内の検討に参加した。このうち委員会の検討結果は日弁連執行部に参考意見として提出されたが、日本IBM法務部の、ⓐ訴訟手続のIT化、ⓑ文書提出命令の範囲の拡充、ⓒ訴訟で提出される営業秘密とプライバシー情報を裁判所の命令で保護するための手続の整備を要請する意見書は、1992年6月15日に法務省に提出された。その後、さまざまな検討を経て、1996年6月に成立した新民事訴訟法は、提出命令の対象となる文書の範囲を拡充したが、訴訟手続のIT化と営業秘密、プライバシー情報の保護手続を含むものではなかったので、私は講演の機会に、文書提出命令の対象拡大など、さらなる法改正の必要を主張していた（注35）。

(5) 新会館における日弁連の情報システム

①コンピュータ研究委員会の提言

委員会が1991年の夏、海外司法界のコンピュータ利用状況を調査した主な目的は、新会館における日弁連の情報システムのあり方の参考にするためであった。海外調査団は、1991年12月25日に報告書を提出しているが、ダウンサイジング（大型機から小型機への移行）と分散処理型ネットワークの進行という状況を報告するとともに、アメリカ法曹協会（ABA）やロー・ソサイエティ（英国）がシステム化にあたり、コンピュータ専門家を雇用していることを指摘している。その後、委員会は検討を重ね、1992年4月30日に、「日弁連のコンピュータ利用のあり方について（中間答申）」を日弁連執行部に提出したが、中間答申は、ⓐ執行部がコンピュータによる業務処理の必要を決意し、その決意が組織内で理解されていること、ⓑコンピュータの利用計画と運用管理に責任のある部門（情報システム部）を設置すること、ⓒ情報システム部、執行部および事務局職員が共同で業務のコンピュータ化に取り組むことを前提としたうえで、情報システム部に現在使用中のコンピュータの維持管理、ソフトウェア開発、およびデータの集

中管理を統括させることを提言している。

②日弁連情報システムの検討

　新しい情報システムの検討は、1995年春には入札仕様書をコンピュータ研究委員会で検討する段階にまで進んだが、私は、利益相反問題を避けるため、ベンダ（業者）選定の手続には参加しないと委員会の場で表明したうえで（注36）、入札仕様書のあり方について次のような意見書を1995年5月9日、委員会（錦徹委員長）に提出した。

　システム構築の基本要件は、第一に、ⓐ将来的にも作り直しをすることなく、連続的に、必要に応じて拡張することができ、かつ信頼性のあるシステムであること、ⓑ必要なときは、適正な費用で、容易に開発要員が確保できるシステムであること（特殊なプラットフォームやユニークな手作りは避け、どのシステム開発会社に対しても開発を委託することが可能なプラットフォームであること、またハードウェアとソフトウェアは、新しいだけではなく、広く普及し、実績があるものであること）、ⓒパソコンの技術革新を予測し、将来一人一台となることを想定したシステムであること、ⓓ日弁連と単位会、会員同士等のコミュニケーション手段を確立するために、外部のネットワーク・コミュニティを利用できる、接続性のあるシステムであること、またセキュリティが十分考慮されたシステムであること、ⓔ適用業務の開発にあたっては、手作りは最小限にとどめ、可能なかぎり、広く普及し実績のある汎用ソフトウェア・パッケージなどの活用を基本とすることにより、将来を見通した、拡張性、接続性、協調性、信頼性、保守性の高いシステムを目指すものであること、第二に、システム化の範囲と開発期間を入札仕様書に明記し、またシステム構築にともなって必要となる移行作業についても対象範囲、期間を明記すべきこと、第三に、システムを構成するハードウェアの基本要件（LAN対応のクライアント／サーバシステムであること、光ディスク装置の要件明記）、第四に、システムを構成するソフトウェアの基本要件、第五、業務システムの開発に関する考慮事項、第六、システムの運用に関する条件、第七、システムの保守に関する条件、第八、システムの研修に関する条件、第九、データ量、ユーザー数およびシステム・ライフ（想定年数）を提示する必要などを内容とするものであった。

　その後、入札仕様書の案は、委員会の検討後、執行部に答申されているが、ベンダ選定のプロセスには一切関与しないと表明した私に対し、他の委員たちからは、日本IBMも、他のIT企業と同様に、入札（見積り合わせ）に参加すること

を期待しているというコメントがあり、北城社長に入札への参加を依頼している。

③新総合情報管理システム

日弁連におけるベンダ選定のプロセスは承知していないが、結局、日本IBMがベンダに決まり、ⓐ弁護士会員情報の一元化による二重管理の排除、ⓑ日弁連宣言、決議、声明など膨大な文書の管理体制の整備による管理コストの削減、ⓒ委員間、部門間の情報の共有化の推進、ⓓ問い合わせ業務の生産性向上、ⓔ業務の進捗・履歴情報のデータベース化による業務効率の向上などを目的とする日弁連新総合情報管理システムが1996年に導入された。

④日弁連総合情報システムの再構築

2007年7月、日弁連経理委員会は、日弁連総合情報システムの再構築を株式会社エヌ・ティ・ティ・データ・システム・サービスに委託することを決定、ベンダ提出の開発委託契約書案をIT化推進ワーキング・グループに回付し、意見を求めた。私も検討に参加したが、日弁連事務局が検討を依頼した、ベンダが開発するソフトウェアの著作権を保有するというベンダ原案は、ソフトウェア開発取引で一般的なベンダの要求であったので、日弁連のソフトウェア使用権の範囲・条件を明確にするための文言修正を提案した。

(6) 弁護士と依頼者間の通信秘密の保護

①「弁護士作成」の「秘密意見書」

日本IBMの社内弁護士は、秘密を要する具体的な法律問題に関する意見書には、"Prepared by IBM Attorney"、および "IBM Confidential" というマークをつけるようにしていた。これは、アメリカ法のもとで保障されているAttorney-Client Privilege（依頼者が弁護士との通信を秘匿する権利、依頼者不在の時は、弁護士が行使する義務を負う）の適用を受けることを目的としていたが、同様の法制度のある国においても弁護士・IBM間の秘密の通信の保護を受けるためであった。わが国には、裁判所や行政機関等による文書の差押を依頼者が弁護士との秘密の通信であることを理由に拒絶できるという法律は存在しなかったが、IBMがどのような方法で政府機関の差押に対抗するのであれ、弁護士作成の秘密の意見書であることを明記していることが大前提となるので、私も必要なマークは常に付すようにしていた。

②企業内弁護士協議会での検討

　1995年12月15日に発足した企業内弁護士協議会は、2、3か月に1回程度の割合で会員間の勉強会を開いていたが、私が当番となった1996年5月16日、APG勤務の米国IBM弁護士（J.F.Villella,Jr.）に、"Attorney Client Privilege in the U.S."というテーマで講演を依頼し、会員間で勉強する機会を作った。その後協議会が、この問題について法改正の働きかけを行うことはなかったが（注37）、日弁連の「弁護士と依頼者の通信秘密保護制度の確立に関する基本提言」（2016年2月）の発表後、2019年の独占禁止法改正にともない、公正取引委員会がカルテルと談合を調査するときは、事業者（依頼者）と弁護士間の秘密の通信の内容を一定の条件下に保護する制度が、独禁法76条1項にもとづく公正取引委員会審査規則の改正により導入され、依頼者・弁護士間の通信保護への第一歩が踏み出された（注38）。通信秘密保護制度は、税務調査その他すべての強制調査に対応できるものとすべきであり、また、1981年にアメリカ連邦最高裁判所が認めたように、社内弁護士・企業間の秘密通信も保護すべきである（注39）。

注1　こんぱす381号（1993年8月1日）2頁
注2　「1993年IBM年次報告書」日本語抄訳
注3　メイニーほか（前掲第4章注18）207－208頁
注4　椎名履歴書（10月25日）。1993年にはソフトウェアとサービスの売上合計がハードウェアの売上を上回る。
注5　チェース・マンハッタン銀行による在日米軍基地内軍用銀行施設（Military Banking Facility,「MBF」）行員25名の人員整理（整理解雇）は不当労働行為として、板付MBF行員については福岡地裁で、府中、立川、関東村、グラントハイツ、横須賀、横田の関東地区MBFの行員については都労委で争われた。事案の概要は福岡地裁1970年10月19日判決・労働判例115号68頁参照（シニア・バイス・プレジデントの訴訟委任状を受理）
注6　私は、法務部が弁護士で構成されることが企業の権利を守るため、また法の支配のために望まれるところ、わが国の法曹人口は主要先進諸国に比し少なく、20年後にフランス並みにするためには、司法試験合格者数を年600人から年2000人程度に増やす必要があり、このような改革のない限り、法務部を弁護士で構成することは困難である、と主張していた。拙稿「企業法務組織のあり方」JICPAジャーナル443号（1992年6月）
注7　再配置の対象ではなかったのに、弁理士は特別退職金等2732万円を請求する訴訟を1994年12月東京地裁に提起した。顧問法律事務所に依頼し応訴したが、訴訟が続いた場合に要する費用程度の支払で和解するよう裁判所が勧めたので、1997年1月28日に和解した。
注8　メイニーほか（前掲第4章注18）176－177頁
注9　メイニーほか（前掲第4章注18）190－191頁
注10　日経コンピュータ（1998年5月25日）118頁
注11　"IBM Wins Big Outsourcing Deal" Asian Wall St. Journal (February 13, 2002)
注12　永野健二「バブル──日本迷走の原点──」（新潮社、2016年）
注13　大城将司「回想　イトマン事件　闇に挑んだ工作　30年目の真実」（岩波書店、2020年）
注14　國重惇史「住友銀行秘史」（講談社、2016年）
注15　奥山俊宏・村山治「バブル経済事件の深層」（岩波書店、2019年）
注16　経団連の求めに応じ、1991年5月版BCGを参考資料として提供したことにつき、椎名履歴書（10月27日）
注17　メーカー9社と事業団発注担当職員1名に独占禁止法違反（不当な取引制限）罪の判決があった、東京高裁1996年5月31日高等裁判所刑事判例集49巻2号320頁
注18　日経コンピュータ（前掲注10）137頁のコラム「アウトソーサがつぶれた！」
注19　「経済界のトップ等は、役員個人が到底賠償することができない非常識な判決」等の意見を表明したことにつき、判時1721号3頁
注20　椎名履歴書（2000年10月28日、31日）
注21　「米国司法におけるコンピュータの利用状況」（前掲第4章注40）
注22　拙稿「法曹制度を考える」法学教室87号（1987年12月）100頁
注23　「企業法務組織のあり方」（前掲注6）

注24　椎名武雄「変革期の企業経営と法務のあり方」取締役の法務10号（商事法務、1995年 1 月） 4 頁

注25　二弁ニュース151号（1995年12月20日）

注26　馬場健一「弁護士の収入源と裁判所事件数の低迷について」須網隆夫編「平成司法改革の研究：理論なき改革はいかに挫折したのか」（岩波書店、2022年）所収、137－158頁

注27　鈴木光夫（商事法務研究会専務理事）司会、六本佳平東大教授（法社会学）、柴田（東レ）、諸石（住友化学）、大澤恒夫（日本IBM）、辛島（同）参加の座談会「企業内弁護士の現状とその方向性」経営法友会月報（企業内弁護士特集号、1982年 9 月）

注28　経営法友会月報（前掲注27）

注29　那須弘平「弁護士の多様化と業務の改革・拡充――これからの弁護士及び弁護士業務――」ジュリスト971号（1991年 1 －15日号）149頁。なお弁護士倫理要綱試案を検討していた日弁連「弁護士倫理に関する委員会」は、1987年11月10日付参考資料において、企業内弁護士が「その企業の代理人として職務を行う」ときに弁護士の名をもって行うのは妥当ではない、と述べたので、私は1988年 2 月 4 日二弁司法制度調査会に企業内弁護士も法律専門家として行動していると述べ、反対意見を提出している。

注30　東京地裁1983年10月12日（丸紅ルート）判決は、田中角栄前首相を総理大臣在任中にロッキード社から 5 億円を受領した受託収賄の罪で懲役 4 年、追徴金 5 億円に処し、東京高裁1987年 7 月19日判決も、田中元首相が1993年12月16日死亡し公訴棄却となった後の最高裁1995年 2 月22日判決（刑集49巻 2 号 1 頁）も、この点についての地裁判断を維持している。なお同じ地裁判決は、ロッキード社を代理して田中首相に 5 億円を供与した丸紅の檜山廣会長、大久保利春専務、伊藤宏専務それぞれに贈賄罪、および偽証罪（1976年 2 月27日からの衆議院予算委員会で偽証）で有罪判決を下している。

注31　「事務職員の氏名・住所について届出義務を課す案」について、私は社内弁護士としてとまどいを感じると述べた、二弁ニュース151号 4 頁

注32　1982年11月10日には千種秀夫判事、則定衛検事、1983年には千種判事（2月 2日）、加藤一郎教授、早川武夫教授（3月 8 日と 5 月19日）、原田明夫検事（5月19日）が協議に参加したが、判例を保有している最高裁は裁判所外に提供する必要を認めなかった。このほか1983年 2 月26日（午前10時から午後 3 時30分）、最高裁調査官のため、コンピュータ・セミナーをIBM飯倉事業所で開催した際にも、高石弁護士と私は判例情報システムのデモンストレーションとともに、システム開発のための最高裁の協力を訴えている。

注33　拙稿「情報化社会における判例へのアクセス」ジュリスト995号（1992年 2 月15日） 3 頁

注34　前掲注33の拙稿。なお事件管理システム、ウェブ会議による口頭弁論、訴訟記録・判決書のデジタル化など、民事訴訟手続の本格的なデジタル化は、2022年 5 月改正民事訴訟法（2022年 5 月25日から 4 年以内に全面的に施行）により、実施される運びとなった。

注35　知的財産に関する訴訟において営業秘密を提出させたうえで、これを保護する制度（秘密保持命令制度）は2004年6月、知的財産高等裁判所設置法（平成16年法律119号）と同時に制定された裁判所法等の一部を改正する法律（平成16年法律120号）により導入され、2005年4月1日に施行された。

注36　わが国でも、自己契約及び双方代理（民法108条）、ならびに法人と理事（一般社団法人及び一般財団法人に関する法律84条）、株式会社と取締役（会社法356条）のように、委任関係にある者に対し利益相反行為を禁止ないし規制しているが、IBMは社員に対し、法律の禁止規定がない場合でも、公共活動における利益相反行為を回避するよう求め、当時のBCG（1994年5月版）は次のように述べていた。

「IBMは、社員が、地域社会において活発な市民生活をおくることを奨励しています。しかし、時に、あなたはこのような活動によりIBMとの利害の対立を生み出すような状況におかれるかもしれません。たとえば、あなたがある委員会のメンバーとしてIBMに関連のある決定をしなければならないことがあります。IBMの機器やサービスを購入することについての決定である場合も」あるでしょう。「そのような場合、あなたは棄権すべきでしょうか」

「最終的にあなたが棄権するかどうかにかかわりなく、あなたは自分がIBM社員であることを明らかにしなくてはいけません。」

「法律上は棄権しなくてもよい場合であっても、場合によっては、あなたが決定に参加したり投票することにより、あなたや委員会やIBMが非常に困惑するような結果をもたらす場合があるかもしれません。あなたの決定がどのような結果をもたらすかを考える際に」は、「その状況はどのように報道され、その記事を読んだ市民はどう感じるだろうか。あなたの客観性や誠実性に対する社会の信頼を維持するために棄権すべきではないだろうか。あなたの投票がIBMの利益に沿うものであれ、反するものであれ、それがIBMを不必要に困惑させることにはならないだろうか」と、「自問自答してみるのが効果的です」。

注37　小島武司先生古稀祝賀・棚瀬孝雄他編「権利実効化のための法政策と司法改革」（商事法務、2009年）所収の拙稿「内部統制における弁護士の役割」796頁（注56）で、わが国でも秘匿特権の導入が必要と述べている。

注38　多田敏明「依頼者秘匿特権」ジュリスト1550号（2020年10月）36頁、特集「依頼者の秘密保護と憲法論的基礎」自由と正義（2022年12月号）

注39　Upjohn Co. v. United States, 449 U.S. 383（1981）

第 8 章

西暦2000年問題

1. はじめに

2000年の元旦は、全世界が緊張の中で迎えた。しかし懸念されたコンピュータ西暦2000年問題（以下、「Ｙ２Ｋ」）は、コンピュータ・ユーザー、政府、情報産業が講じた対策が効を奏し、社会の情報基盤に混乱をもたらすことなく終わった（注1）。Ｙ２Ｋは、コンピュータが西暦2000年代の年号を1900年代の年号と混同し、システムの誤作動や停止により情報基盤に混乱が生じるという問題であるが、その対策への参加が社内弁護士としての最後の仕事となった。

2. 問題の沿革

最初の実用コンピュータENIACは、米軍の弾道計算用にエッカートとモークリーが1946年に開発した。ENIACにもとづき、レミントン・ランド社が1950年に開発した初の商用コンピュータUNIVACでは（注2）、パンチカード（ホレリス・カード）で情報を処理する方法が用いられ、西暦年を下二桁で処理していた。その後に他社が開発したコンピュータも、1964年にIBMが発表したシステム360も、下二桁処理を前提とするものであった。当時はコンピュータのメモリや記憶装置は高価で（注3）、プログラマーはコンピュータ資源を節約するために、西暦年を下二桁で処理していた。歴史的にも、コンピュータ技術以外の分野で簿記が、また1970年代にかけての国際標準化機構（ISO）の国際標準、米国規格協会（ANSI）や日本工業規格（JIS）などの国内標準も下二桁処理を推奨または是認していた。政府のコンピュータ調達でも、下二桁処理が一般的であった。Ｙ２Ｋは、西暦2000年を目前に、これまで是認されてきた慣行に是正の必要が生じたという問題であった。

3. 訴訟頻発のおそれ

Ｙ２Ｋ自体は、コンピュータやソフトウェアの欠陥・瑕疵、あるいは契約不履行問題とは考えられていなかった。しかしＹ２Ｋについての対処を怠った場合には、一般企業でも、システム・トラブルのため、商品や役務を契約どおりに提供することができず、契約不履行責任を追及されたり、上場企業では、役員が株主代表訴訟で責任を追及されるおそれがあった。Ｙ２Ｋ対応のためのシステム修正

費用も多額にのぼるので、IT関連企業の場合、たとえば@ソフトウェア会社は瑕疵担保責任（2017年6月民法改正後は、契約不適合責任）を、ⓑコンサルティング・サービス会社は債務不履行責任を、ⓒマイクロコンピュータ搭載機器のメーカーは製造物責任を追及されるおそれがあった。訴訟費用だけでも1500億ドルから2500億ドル、損害賠償金額は1兆ドルに達する可能性があるという予測もあった（注4）。

4.　IBMの取り組み

(1)　概要

　IBMは、1980年代の終わりごろからY2Kの検討を始め、Y2Kは顧客と情報産業共通の課題であるとの認識に達し、ⓐ情報産業と顧客の問題意識の向上、ⓑY2K対応のための顧客の計画作成の支援、ⓒY2K対応製品の開発と提供、ⓓコンサルティング・サービスの無償または有償の提供、ⓔ顧客支援のためのツールの提供という方針を採用のうえ、1995年10月、顧客のY2K対応を支援するため、「西暦2000年対応計画ガイド」（Year 2000 Planning Guide）をホームページで公開、その後、顧客の対応計画作成と作業を支援するサービスとツールの提供を開始、1998年から販売する製品は2000年対応製品のみとする施策を実行した。また各国の子会社も、政府や業界団体に働きかけ、Y2K対応を協力して推進する体制を整備、日本IBMも1996年7月、「2000年問題対策室」を設置、椎名会長が政府の「コンピュータ西暦2000年問題に関する顧問会議」議長、社員が「コンピュータ西暦2000年対策推進会議」のメンバーとして働いた。

(2)　社内弁護士の取り組み
①　地域主任弁護士のネットワーク

　全世界のIBM弁護士は、IBMのY2K戦略を法的な面で支援した。IBMは、北米、ヨーロッパ、アジア太平洋などの地域ごとにY2K対応の責任を負う主任弁護士を任命し、各地域の主任弁護士は、地域内の各国弁護士との連絡・調整を担当するとともに、他の地域の主任弁護士とも緊密な連絡をとり、各地域の政府、主要団体、顧客の動向をモニターし、対応を協議した。PROFSや国際電話による協議では、ⓐY2K対応状況に関し企業や団体に情報開示を求める立法についての対応、ⓑ政府、標準化団体、顧客独自の「西暦2000年対応製品」の定義につ

いての対応、ⓒ顧客からの苦情などが検討されたほか、ⓓ各地のＹ２Ｋ訴訟についても情報交換が行われた（注5）。

　Ｙ２Ｋに対応するため、アメリカ、オーストラリア、ニュージーランド、フィリピンは、情報開示を促す法律を制定した。アメリカが1998年10月に制定した「2000年問題に関する情報と対応状況の開示に関する法律」は、情報交換の促進を目的にするとともに、企業間では情報が不正確であっても、責任を免除する法律であったので、良きサマリヤ人のための法律（注6）と呼ばれた。またアメリカは、1999年７月、2000年問題責任制限法を制定した。この法律は、ⓐＹ２Ｋで訴訟を提起しようとする者（原告）は、訴訟提起の90日前までに相手方（被告）に予告することにより話し合いによる解決の機会を設け、ⓑ懲罰的損害賠償やクラス・アクション訴訟を制限し、ⓒ原告に損害防止の義務を課した。「日本でも同様の責任制限法を制定する必要はないか」と、2000年問題対策室から尋ねられたが、私は、ⓐ訴訟提起前90日の予告期間は、訴訟の提起後に示談交渉が始まるのが通常のアメリカでは必要であるが、日本では通常、交渉が訴訟に先行するので、不要である、ⓑ懲罰的損害賠償制度もクラス・アクション制度も日本にはないこと、ⓒわが国の民法は、原告に過失があるときは損害賠償請求額の全部または一部を減額する過失相殺の制度を設けているので、原告の損害防止義務規定を新設する必要はない、と回答している。

　Ｙ２Ｋ訴訟には、ⓐ2000年問題対応費用の負担をめぐる訴訟と、ⓑシステム・トラブルの是正を求める訴訟とがあるが、IBMコンピュータ（RS／6000）を使用する診療スケジュール管理システム（ソリューション）をプロバイダから1996年12月に購入した外科医（原告）がIBMとソリューション・プロバイダを被告として、システムの無償アップグレードを求めた訴訟は1999年５月、管轄違いで却下された（注7）。

② 定義の問題

　「西暦2000年対応」の定義については、国際的な見解が一致しない時期があった。これは、たんなる言葉の遊びに見えるかもしれない。IBMは、アメリカ情報技術協会（ITAA）や、米国電気電子技術者協会（IEEE）が採用していた定義と同様に、「2000年対応製品」とは、「ある製品がその製品の説明書に従って使用された場合に、20世紀から21世紀にかけての日付データの処理、引き渡し、および受け取りを正しく行うことができること。ただし、その製品とともに使用される全製品（ハードウェア、ソフトウェア、ファームウェアなど）が、その製品と

の間で正確な日付データを交換できることを条件とする」と定義していた。一方、英国規格協会（BSI）が発表した定義は、上記の定義中の、⑧その製品の説明書に従って使用された場合という条件と、⑥その製品と相互に運用される全製品が2000年対応製品であるという条件を欠く、無限定の定義であった。このBSIの定義は、英国法系の諸国や諸企業で採用され、立法時や契約時に遵守を要求されて、取引の相手方となる企業に無限定の責任を負わせるリスクがあった。BSIの定義は、1998年に英国の情報産業の意見を容れ、修正されたが、当初の定義が契約交渉において提案され、合意を求められるというリスクは常に存在した。用語の定義の問題から目を離せなかった理由である。Ｙ２Ｋ対応製品の販売が始まる1996年秋、日本IBMは、顧客に契約を提案するにあたっては、IBMがＹ２Ｋ対応製品として発表したものであっても、顧客のシステムの他の構成要素が2000年対応となっていない場合には、2000年対応の日付処理を正しく実行しないことがあることを十分に説明し、顧客の誤解を招くことのない営業活動を行うよう、営業関係社員に求めている。

③ 各国の弁護士の取り組み

各地のIBM弁護士も、⑧既存の契約に起因してＹ２Ｋ責任が生じるか否かの審査、⑥新規の契約における適切なＹ２Ｋ対応文言の記載、⑥サプライ・チェーンのＹ２Ｋ対応状況の確認、⑥Ｙ２Ｋ対応状況についての株主・投資家、取引先に対する情報開示、⑥Ｙ２Ｋ関連文書の保存、⑥緊急事態の発生に備えた危機管理計画の作成支援、⑥顧客からの苦情の処理、⑥自国の立法、行政、司法の動向のモニタリングなどに取り組んでいたが、システム・インテグレーション契約やアウトソーシング契約など、契約書のレビューに多くの時間がさかれた。Ｙ２Ｋ対応のための社内弁護士の仕事は、IBMの重要な事業上の取り組みを支援したという意味で、戦略法務と呼ぶことができ、懸念された法的紛争を防止したという意味で予防法務の成功とみなすこともできる。いずれにせよ、各国の弁護士が米国における反トラスト法訴訟の問題よりも、身近な自分の問題として積極的に取り組んだ問題であった。

④ 記録の保存

IBMは、事業上の記録（レコード）を世界共通の基準（Worldwide Records Management Plan）にもとづき管理していた。紙文書、電子文書、マイクロフィルム等を含む文書の管理は、⑧法律上または業務上必要な記録の確実な管理、⑥記録の検索性の維持・向上、⑥記録保管費用の削減を目的または目標に、

保存が必要な記録（Essential Record）として指定した約700種類（カテゴリー）の記録と、その他の記録（各部門の判断で24か月迄保存できる記録、Disposable Record）とに分けて、前者のみを保存の対象とし、その中でも災害時の業務復旧に必要なレコードは、重要レコード（Vital Record）に指定し、保存期間（たとえば、ソースコードとオブジェクト・コードは、開発完了時から20年）、保存方法（たとえば部門管理と記録保管所管理）を定め、毎年1回、全社的な点検を実施した（注8）。Ｙ２Ｋ対応のための業務記録の保存についての弁護士間協議は、1999年2月に開始されたが、新カテゴリーとして2009年末まで10年間保存することとなった。

注 1　朝日新聞の元旦朝刊は、早朝の状況を「電力、鉄道異常なく、首相会見」という小見出しで報道、情報が揃ってきた 3 日の第 1 面は、トップニュースとして、「2000 年」、「世界が『ほっ』」、「国内原発、自治体は小さなトラブル」、「仕事始めの点検続く」と報道、5 日には、米大統領の2000年問題諮問委員会ユスキネン委員長が 3 日、大きなトラブルはなく平常業務が開始されたことから、「2000年問題は撃退した」と勝利宣言をしたと報じている。なお、通産省とJEIDAなどによるY 2 Kの総括につき、機械振興協会「機械振興」33巻 4 号（2000年 4 月 1 日）参照

注 2　UNIVAC 1 号機は、米国人口統計局に設置され、1950年の人口センサスの集計作業や大統領選の集計などに使用された。日本IBM発行「情報処理産業年表」（1988年）33頁

注 3　メモリが高価だったことにつき、日刊工業新聞（1999年 2 月17日）

注 4　アップグレード費用の負担をベンダに求める訴訟が多く、50ないし80件が提起されていると、New York Times（April 12、1999）が報道している。ロイド（再保険会社）は、1 兆ドルにのぼる訴訟の可能性を予測していた。

注 5　私はアジア・太平洋地域のY 2 K主任弁護士として協議に参加した。欧米の弁護士の勤務時刻に合わせた電話会議は、当初月 2 回だったが、1997年 6 月中旬から毎週開催するようになったので、私は他の仕事のやり繰りが可能なときは21時30分頃に始まる会議に間に合うよう帰宅し、自宅から参加することにした。

注 6　ルカによる福音書第10章第33節、30 - 37節

注 7　Yu v. IBM and Medic Computer Systems, Inc.,（N.D.Ill. 1999）。原告は、1998年12月はじめにプロバイダから、システムが西暦2000年問題に対応していないので有料のアップグレードが必要という通知を受けたが、被告の行為は、イリノイ州消費者保護法違反、詐欺または明示の保証違反、商品性もしくは特定目的適合性の黙示の保証違反、または過失行為（negligence）に該当すると主張し、プロバイダから同種のシステムを購入した被害者全体（クラス）を代表する集団訴訟（クラス・アクション）を同年12月22日に提起した。これを知った通産省の求めに応じ、私はIBM法務部（訴訟担当）から訴状の写を取り寄せ、日本IBM公共渉外担当に届けてもらっている。翌年 5 月、原告の訴額が連邦裁判所管轄要件の 7 万5000ドルに達しないので訴訟が却下されたという連絡をIBM法務部から受けている。

注 8　この管理基準の概要は、1999年 3 月 2 日、日本IBMの情報管理部門（CIOセンター）が大和事業所で、経営法友会・文書管理ガイドブック作成委員会委員に説明、経営法友会編「文書管理ガイドブック」（商事法務研究会、1999年）で紹介されている。

保護貿易主義から自由貿易へ（講演レジュメ）
（1986年2月21日）

1．伝統的な産業政策

　方針——日本企業が世界的競争者となるまで

　(1) 日本企業を援助

　(2) 外国企業の競争を制限　例：鉄鋼、機械、造船、電機、石油化
　　　学、自動車、コンピュータ

　方策1——日本企業への援助

　(1) 官民の力を結集するため、政府の影響力の行使

　(2) 政府諸機関による、国産品の優先購入

　(3) 低利の貸付

　(4) 補助金の交付

　(5) 税法上の利益供与

　(6) 技術援助　例：官民共同の研究・開発

　方策2——外国企業の競争制限

　(1) 関税

　(2) 非関税障壁　例：外国為替管理、輸入制限、対内直接投資制限、
　　　技術導入制限、不透明性、行政指導

2．コンピュータ産業に関する貿易制限と自由化

　1950年代－1970年代　外国企業の競争制限

　(1) コンピュータ輸入の制限

　(2) コンピュータ製造子会社設立の禁止（IBMを除く）

　(3) IBMの日本における製造を許可する条件として、IBMから日本の
　　　コンピュータ会社への技術移転

　(4) 政府諸機関による、国産機の優先購入方針

　(5) 日本のコンピュータ会社に対する

　　（ア）補助金

　　（イ）低利の貸付

　　（ウ）税法上の利益供与

　1970年代－1980年代　自由化の進展

　　1972－1975　コンピュータ、周辺装置、部品の輸入制限の段階的

　　　　　　　　　撤廃

　　1976　国産機の優先購入方針の廃止

　　1981　日本電信電話公社が調達を外国企業に開放

　　1985　コンピュータ・ソフトウェアの著作権法による保護の明確化

3．情報処理システム産業への財政的援助

　1957　・電子工業振興臨時措置法（電振法）

　1960　・（IBMと国産各社との間の技術援助協定）

　1961　・日本電子計算機株式会社（JECC）設立と開発銀行融資（1961

　　　　　－1982　5235億円）

　1962　・高性能電子計算機（FONTAC）開発補助（1962－1965　4

　　　　　億円）

　1963　・（日本アイ・ビー・エム株式会社生産開始）

　1966　・超高性能電子計算機開発補助（1966－1971　100億円）

　1968　・電子計算機買戻損失準備金制度

　1970　・情報処理振興事業協会等に関する法律（情振法）

　　　　・電子計算機特別償却制度

　1971　・特定電子工業及び特定機械工業振興臨時措置法（機電法）

　　　　・パターン情報処理（PIPS）開発補助（1971－1980　220億円）

　　　　・（電子計算機の製造・販売・賃貸業の資本50％自由化時期決

　　　　　定）

　　　　・（通信回線第一次開放）

　　　　・情報処理振興事業協定への補助金（1971－1983　230億円）

　　　　・電子計算機固定資産税軽減制度

　1972　・電子計算機新機種開発促進費補助（1972－1976　686億円）

　　　　・プログラム保証準備金制度

1973 ・（電子計算機の製造・販売・賃貸業および情報処理産業の資
本100％自由化時期決定）
・（電子計算機の輸入自由化時期決定）
・情報処理産業振興対策補助金（1973－1975　30億円）
1974 ・（電子計算機の製造・販売・賃貸業の資本50％自由化実施）
・（情報処理産業の資本50％自由化実施）
1975 ・（電子計算機の製造・販売・賃貸業の資本100％自由化実施）
1976 ・（情報処理産業の資本100％自由化実施）
・超LSI補助金（1976－1979　290億円）
・ソフトウェア生産技術開発計画補助金（1976－1981）
1978 ・特定機械情報産業振興臨時措置法（機情法）
1979 ・基本ソフトウェア技術・新周辺端末装置技術開発補助金（1979
－1983　235億円）
・汎用ソフトウェア開発準備金制度
・光応用計測制御システム（1979－1987　200億円）
1980 ・第5世代コンピュータの研究開発補助金（1981－1984　105億
円；1985－1990）
1981 ・科学技術用高速計算システム開発補助金（1981－1989　310
億円）
1983 ・新機種電子計算機製造促進のための開発銀行融資

4．現状
──日本は、貿易・資本を大幅に自由化
──今後の問題
・不透明性
・行政指導
・積極的開放政策
・若干の産業において残存する問題

154

社内弁護士の覚書
（1976年11月21日）

一　はじめに

　（ア）人口２億のアメリカ合衆国には1974年末現在で約38万５千人の法律家が存在する（注1）。そして法律家の１割以上は企業の法務部に勤務している（注2）。特定の企業の問題や事情に精通し、事業の全面にわたって予防的機能を発揮しうるアドバイザーとしての社内弁護士の必要性は企業の大規模化、事業活動の複雑化、多面にわたる法的規制の強化から生じたものといわれる（注3）。

　ところで、日本においては法律家は訴訟中心の活動をしてきたために一般の法律事務所がビジネスのアドバイザーとして活躍するということが少なかった。しかも企業内弁護士の存在ともなるとごくまれのようである（注4）。本稿は、たまたま私がアメリカ法人を親会社にもつ日本法人の社内弁護士をしているので本誌に掲載の機会を与えられたものである。

　（イ）私の勤務する日本アイ・ビー・エム株式会社（以下、日本アイ・ビー・エムという）は情報処理機械およびシステムの製造、販売、賃貸、保守ならびに電動タイプライター、口述録音機器および複写機の製造、販売、保守等を業とする株式会社である。資本金500億円、従業員１万１千名。主力工場を神奈川県藤沢市と滋賀県野洲町にもち、全国に約40の事業所をおいて事業活動をしている。

　日本アイ・ビー・エムはアメリカ法人のIBMワールド・トレード・南北アメリカ／極東コーポレーション（以下、直接親会社という）が100パーセント所有する会社であり、間接的には同じくアメリカ法人であるインターナショナル・ビジネス・マシーンズ・コーポレーション（以下、IBMという）が所有する会社である。現在、IBMを含む全世界の関連会社の法務部には約200名の弁護士が勤務しているが、日本アイ・ビー・エムの法務部は現在、弁護士３名、大学卒の男子スタッフ４名、

女性秘書3名からなっている。

二　社内弁護士の任務

（ア）社内弁護士の任務は、会社の実情についての的確な知識を基礎に会社の事業活動の全面にわたって時期を失せず助言をし予防的機能を発揮することである。ここではその任務を経営計画についての助言、契約の検討、各種書面の審査、官公庁との折衝、訴訟およびクレーム、社員教育ならびに外部法律事務所との関係にわけて略述する。

1　経営計画についての助言

会社の長期、短期計画、製品価格の決定、変更、工場施設の設置、変更、長短期借入、配当、役員報酬等についてする法律的助言がこれにあたる。会社の長期、短期計画は3名の弁護士の手に負えないほどの量のため現在のところ独占禁止法遵守の見地からの審査と法律的な記述についての書面審査に重点をおいている。

経営計画についての助言に際しては、ある提案が法律上問題のある場合に適法な代替案を提示するという役割が期待される。

なお株主総会、取締役会の準備およびこれらの会議の秘書役として立会うことも弁護士の職務である。

2　契約の検討

日本アイ・ビー・エムが販売する製品、サービスにつき顧客と締結する契約の作成がまずあげられる。IBMは全世界の顧客とできるかぎり平等に取引するという見地からも各国の法律に抵触しないかぎり共通の契約書を使用する方針をとっているが、このような契約書案を検討し日本法に適した契約書に改めるという作業が法務部によりなされる。

次に日本アイ・ビー・エムが種々の物品、サービスを購入する関係の契約があげられる。国内および国外の業者への部品の製造委託、原材料の購入、不動産工事委託、ビル貸借、倉庫契約、運送、警備、清掃委託など枚挙にいとまがない。

また外国の関連会社との間で製品、部品、技術、サービス等が移転する場合に必要な国際契約についても標準契約書にのらないものは作成、

審査を担当する。

　なお必要に応じて契約の交渉を担当する。

　3　書面の審査

　契約書以外の書面も外部に出す書面は技術的性質のものを除き原則として法務部の審査の対象となり、アメリカの関連会社に送る重要な書面についても同様である。書面の審査は行為の適法性および表現の適格性の確保の観点からおこなわれる。

　4　官庁との折衝

　各種届出、許可申請および行政指導等をめぐる法律問題につき必要なときに官庁と折衝する。

　5　訴訟およびクレーム

　係属中の訴訟は1件もない。労働委員会に係属中の事件は数件あるが労働組合との問題は現在法務部の管轄外である。

　顧客または業者との間のクレームの処理については必要に応じて交渉に立会う。

　6　社員教育

　日本アイ・ビー・エムはIBMの方針にしたがい独占禁止法遵守に重点をおいた社員教育を実施している。これは全社員に毎年「ビジネス・コンダクト・ガイドラインズ（注5）」という冊子を配布し読むことを義務づけるとともに、営業活動その他一定の職務に従事する社員には弁護士の講義を3年に1回受講させることを骨子とするものである。なお弁護士は年数十回講義をもつ。

　このような公式の教育以外に弁護士との日常の相談自体が業務上必要な法的知識を社内に浸透させる教育効果を有すると期待される。

　7　外部法律事務所との関係

　法律を遵守すべき企業としては経営上重要な事項、役員と会社間に利害の衝突しうるような事項については社内弁護士からだけではなく社外の弁護士の法律意見も求め慎重に行動することが賢明である。このような場合に会社と社外弁護士との接点になることも社内弁護士の職務の一つである。社外の法律事務所の専門分業化のすすんでいるアメリカでは

社内弁護士は「最後の一般法律家」といわれるが（注6）、社外弁護士はその専門分野に関し、社内弁護士を援助するという役割が期待されよう。

　（イ）以上からも推測されるように社内弁護士の扱う法律は民商法にとどまらず広汎な分野に及ぶ。非常に小さな契約たとえばバックグラウンド・ミュージックのテープを借りる契約にしてもそれが著作権を侵害するおそれがないかという問題がありうるし、駐車場利用契約の審査に際しては駐車場法にもあたるという作業が必要となる。会社への影響のより大きな分野としては価格決定と独占禁止法、輸入と関税法、関税定率法、工場の設置、変更と工場立地法、水質汚濁防止法、労働安全衛生法、廃棄物の運搬、処理と廃棄物の処理及び清掃に関する法律などをあげることができる。最近導入された、適格退職年金制度の準備段階においては法人税法、信託法、信託業法、労働基準法等が、従業員持株制度の準備段階においては証券取引法、所得税法が、当然のことながらそれぞれ調査の対象とされた。

　おそらく法務部の扱う法律分野は一般の法律事務所の扱う法律よりも多種多様であり、しばしば裁判所で解釈されたことのない法律が扱われる。

三　職務の独立性、困難性

　（ア）社内弁護士になるためには弁護士法30条第3項にしたがい所属弁護士会の許可を得る必要がある。職務の公正な遂行を確保し、品位を保持する目的の立法である。ところで社内弁護士には裁判官のような身分の保障はない。会社上層部の圧力のために弁護士が違法な行為を是認するおそれはないだろうか。私はこの問題は結局においてトップ・マネージメント（または会社）と社内弁護士双方の見識によると思う。

　IBMは法律の遵守があって事業活動も存在するといういわば当然の考え方をしており、重要な事項については社内の弁護士と社外の法律事務所とがダブル・チェックをする。弁護士が違法と考える行動をトップ・マネージメントがとることはトップの進退の問題に発展しうるし、弁護

士が違法な計画を承認すればその責任が追及されよう。トップと異なり短期的利益により目が向きがちな営業の第一線からはときに弁護士が石頭または非常識との非難を受けることがあるかもしれない。しかし黒を白といえというような圧力はまったく考えられないことである。仮にそのような圧力があっても社内で十分にはねかえすことができるのである。

　（イ）弁護士の直面する困難はむしろ次のようなところにある。事業活動が順調におこなわれるためには法律意見についても迅速性が要求される。しかし社内弁護士の扱うべき法律分野は広くしかも日本の法律は概して抽象的、包括的な規定が多くよるべき判例、先例にもとぼしい。

　行政法の分野では所管行政庁の窓口における指導が法律意見の指針になることが多いとしても責任ある指導の得られない場合また指導が時期を失する場合もある。またある行政庁の行政指導にしたがえば所管外の法律に抵触するということもありうる。たとえば石油連盟が通産省の行政指導にしたがい価格引上げに関する決定をしたところ公正取引委員会により独占禁止法違反とされるという例が想起されよう（注7）。

　このような法律的風土と迅速性の要求とに対応していかに早く誤りのない法律意見を提供するかが社内弁護士の大きな課題である。

四　地位・待遇

　（ア）日本アイ・ビー・エムの法務部に弁護士が勤務するようになったのは1973年1月からである。部門の長の弁護士は現在、社長に直接レポートしている。

　社内弁護士の収入を一流の国際法律事務所に勤務する弁護士の収入と比較することは難しいが、同期の裁判官と比較すると税込み年収は数十パーセント高いと思われる。もっとも裁判官のように宿舎や自動車による送迎はない。

　法務部の仕事は現在の3名の弁護士では満足に処理できないのでさらに数名程度の増員が考慮されている。アメリカのロースクールに留学した弁護士が望ましいが留学経験者は少ないのでおそらく今後採用される

若い意欲的な弁護士には数年の勤務後海外留学の機会が与えられること
になろう。

　（イ）IBMの弁護士の給与体系は一般の社員の体系とは別個に作られ
ている。IBMのゼネラル・カウンセルであり、副社長、取締役の役職に
あるカッツェンバック氏は全世界の弁護士の総帥ともいうべき地位にあ
るが同氏の1975年の報酬は、給与・報酬額4621万5千円、奨励報酬プラ
ンに基づく現金報酬額2736万5千円、年間退職年金見積額1439万4千円
であった（注8）。なお日本アイ・ビー・エムの直接親会社においては法
務部長の弁護士は副社長、取締役、秘書役を兼ねている。

五　おわりに

　企業をとりまく法律環境が複雑化するとき企業は法務部または法規課
を新設または強化してこれに対応しようとするであろう（注9）。日本の
企業は法律事務の処理を軽視し法学部卒業生にまかせてきたが、総合的
な法律知識、判断の必要性、短期的利益を見てときに圧力をかけがちの
営業第一線に対抗しうる独立心の必要性を考えると法務部のスタッフは
弁護士であることが望ましい。

　田中元首相の逮捕後緊急特集を組んだある週刊誌は日本の企業も次第
に「アメリカの大企業並みに弁護士の社員整備など内容充実のところも
出てこよう」と予測する（注10）。社外の法律事務所で事務をとるので
なければ弁護士は独立の法律判断が出来ないというのは独断であり、事
業活動を理解しこれに助言するという社内弁護士の活動も法の支配の重
要な一翼をにないうるのである。国際経済社会で日本経済が伸びてゆく
ためにも「法律家の特技とサービスを事業の経営の中に組織的に活かす
（注11）」という観点からの法律家とビジネス社会の建設的な対話が期待
される。

注1　ジュリスト587号（1975年5月15日号）63頁
注2　飯島澄雄、アメリカの法律家（1975）上巻209頁
注3　E. A. Farnsworth, An Introduction to the Legal System of the United
　　States 26, 27（1963）

注4 「法務部——現状と展望（五）」NBL113号（1976年6月1日号）32頁
注5 経済団体連合会編、米国各社の独禁法遵守ガイドライン集（1976）91
頁以下
注6 Brian D. Forrow, The Last of the General Practitioners, 59 A.B.A.J. 57
（1973）
注7 公取委昭和49年2月28日審決、審決集20巻355頁。当時石油会社に勤務
していたある社内弁護士の感想として、中津晴弘、企業内弁護士の詩と
真実（1976）180頁以下
注8 1975年度有価証券報告書27頁
注9 「法務部 ——現状と展望」NBL109号（1976年4月1日号）ないし
NBL114号（1976年6月15日号）
注10 週刊ダイヤモンド（1976年8月7日号）12頁
注11 道田信一郎、アメリカのビジネスと法（1964）37、38頁

　本稿は、判例時報827号（1976年11月21日）掲載の拙稿を横書きにし
たもので、転載にあたり誤字を訂正した。もとの拙稿は、同年10月1日
発行の「ひびや」（第2号）所収の「社内弁護士の覚書」に若干の手直
しを加えたものである。企業内弁護士の職務についての当初の認識が25
年の間にどのように展開したかを回想し比較するため、本書に収録し
た。

コンピュータ取引と契約責任の制限
(1985年6月)

1. はじめに

1984年11月16日東京都世田谷区の電話回線埋設溝で火災事故が発生し、約9万回線が不通となった。このため三菱銀行のオンライン・システムが全国的に、大和銀行のそれが首都圏を中心に、それぞれ停止したほか、日本電信電話公社（電電公社）世田谷局管内の銀行、証券会社の各支店オンラインが停止した（注1）。

回線がほぼ全面的に復旧したのは11月24日であったが（注2）、この事故は「高度情報社会のもろさへの警告」と見ることができ、「情報を主体とし、通信に依存する高度情報社会への警告を電電公社、銀行、消防など直接当事者はもとより、政府や市民全体が真剣に受け止める必要がある」（注3）。

この事故の影響が広汎にわたったことから、損害賠償問題についての関心も高く、公衆電気通信法により電電公社の損害賠償責任が制限されているため（注4）、電話回線利用者の営業損失が十分に補償されないという不満が報道されている（注5）。

通信とコンピュータの融合する情報社会においては、コンピュータ・システムの性能不良あるいは故障の影響も広汎にわたりうるが、本稿は、コンピュータ・システムの取引当事者間の契約における責任制限条項の効力の検討を目的とする。

2. 取引の目的物の性能不良と売主の責任
2.1 民事責任の一般原則

（ア）売買の目的物の品質、性能が契約に適合しないとき、買い主は売主に対し不完全履行責任（民法415条の債務不履行の一類型）または瑕疵担保責任（民法570条、566条）を追及することができる（注6）。

（イ）不完全履行とは、債務者の責に帰すべき事由により違法に不完

全な履行がされることをいう。不完全履行のため目的物が契約に適合しない場合、修理・取替が可能であれば債権者は修理・取替による完全履行を債務者に請求することができる。修理・取替が不可能なときあるいは可能であるが催促しても履行されないときは、債権者は契約を解除することができる。なお損害が生じた場合には、債権者は損害賠償を請求できる。損害賠償の範囲は、不完全履行によって通常生ずべき損害であるが（民法416条1項）、特別の事情により生じた損害については当事者がその事情を予見しまたは予見することができたときにのみ、その損害賠償を請求できる（民法416条2項）。

　不完全履行による損害は、不法行為（民法709条）による損害としてその賠償を請求することもできる（この場合過失の立証責任は転換する）が、損害賠償の範囲は同一である（注7）。

　（ウ）瑕疵担保責任とは、売買の目的物に隠れた瑕疵がある場合に売主の過失がなくても、買主が契約をした目的を達することができないときは買主に契約解除権を与え、損害があるときは損害賠償請求権を与える制度である（注8）。なお瑕疵担保責任にもとづく損害賠償の範囲を、不完全履行にもとづく場合よりも限定的に解する見解がある（注9）。

　（エ）コンピュータ取引には、ハードウェアの提供契約（売買または賃貸借）、パッケージ・プログラムの使用許諾（著作権法63条の著作物利用許諾契約）、特定ユーザーのためのプログラムの作成受託（請負または委任類似の契約）、システムズ・エンジニアリング・サービスや保守サービスの提供契約（請負または委任類似の契約）などさまざまの契約が含まれるが、本稿ではハードウェアの売買とソフトウェア（プログラム）の使用許諾契約を中心に検討する。また、瑕疵担保責任（民法570条、566条）の規定は、売買以外の有償契約にも契約の性質が許すかぎり準用されるので（民法559条）、ソフトウェア取引にも準用されることを前提としたい。なおハードウェアの売買についてはリース会社が金融の目的で関与する場合が多いが、不完全履行責任と瑕疵担保責任は一般に売主とユーザー間で処理される仕組みとなっているので（注10）、必要のないかぎりリース会社の関与について言及することなく、ユー

ザーを買主とみなして記述する。

2.2　ハードウェア、ソフトウェアの契約不適合と損害

（ア）コンピュータ取引におけるハードウェア、ソフトウェア（以下、商品という）の契約不適合（性能不良）は、次の二つの類型に分けることができる。

第一は、商品が提供者（売主）側の提示し、約束した仕様書記載の性能を欠いている場合である。

データ伝送速度を19,200ボーとする装置を売主の仕様書にもとづき、買主が端末装置を購入したが、納入された装置は4,800ボー以上のレベルでは適切に作動せず、1,200ボーでもときには適切に作動しないことがあるという状態であった。売主は装置の修理や改良を試みたが、1年余りたっても問題を解決することができず、結局、端末装置の仕様書を1,900ボーに改めざるをえなかった、という事案がその例である（注11）。

第二は、ユーザー（買主）の特定業務との関係で商品の性能が十分であると売主が保証したにもかかわらず、不十分であった場合である。

売主が、ユーザー（呉服加工販売業者）に対し、呉服加工部門管理、在庫・売上げの整理・集計、給与計算を含む総合経営管理システムが可能であるとして、コンピュータを売り込み、プログラム作成を引き受けた。そしてコンピュータ納入後数ヵ月をかけて売主の技術者が加工部門におけるプログラム作成を試みたが、コンピュータの処理能力が小さかったためユーザーの業務を処理することができず、それを行うとすれば従前どおりの手作業で行う時間の数倍を要することが分かり、ユーザーが希望し、売主が確約した総合経営管理システムの実現は夢物語であることが判明した、という事案がその例である（注12）。

（イ）これらの性能不良が納入時または納入後保証期間内に発見されたときは、買主は売主に対し不完全履行責任または瑕疵担保責任を追及することとなる。この場合、次のような項目が損害賠償の範囲に含まれると主張される可能性がある。

（1）契約不適合商品の代替として買主が契約適合商品を購入した場合

の代金差額

(2) 得べかりし利益の喪失による損害

(3) 買主が商品を使用できないため、買主の取引先（売主からは第三者）との契約を履行できずに損害賠償をした場合のその全額

(4) コンピュータ・システムに関連するデータ、プログラムが毀損した場合の再製作費用

(5) 有体物または生命・身体に対する物理的損害

(6) 出力データの誤りに起因する損失

(7) 買主側従業員の残業手当、休日出勤手当

(8) 契約解除にともなう支払済代金相当額の返還請求

(9) 契約解除された目的物とともに使用する予定の関連機器、プログラム、サービスに支出した費用

(10) 購入資金借り入れのための利息

　これらの請求が、通常の損害または当事者が予見しえた特別の事情による損害に該当するか否かは、具体的事案ごとに判断されることとなるが、問題は損害額がユーザーの事情により巨額化しうることである。すなわち、コンピュータ・システムが処理するユーザーの業務は多種多様であり、処理されるデータの価値も千差万別である。コンピュータと通信の融合によりシステムの故障による被害も全国的な広がりをもつ可能性がある。したがって売主は合理的に予測できず、経営上のコストに含めることのできない多額の損害賠償を請求されるおそれがある。これは、見方をかえれば、ユーザーが貴重なデータを処理し、データ処理により多額の利益を得る場合には、そのユーザーが予防措置、保険措置を講ずる方が合理的であるということになる。

　このような考慮から、売主は瑕疵担保責任を免れまたは制限する特約、不完全履行責任を免れまたは制限する特約を契約内容に含めることにより、損害賠償の範囲を管理可能な範囲にとどめようとする。

　このような特約（以下、総称して責任制限条項という）はわが国の裁判所でどう判断されるであろうか。わが国ではコンピュータ取引契約中の責任制限条項の効力について判断した裁判例がないので、一般的取引

に関する判例から推測するとともに、わが国と並ぶコンピュータ先進国であるアメリカ合衆国の判例の動向を参考として検討したい。

3. 責任制限条項の効力

3.1　一般の取引と責任制限

（ア）契約内容は当事者が自由に定めることができる（契約自由の原則）。したがって契約当事者が合意する責任制限条項も有効である（注13）。

（イ）瑕疵担保責任を免除または制限する合意は原則として有効である（民法572条参照）。ただし、売主が知りながら告げなかった事実、および売主が自ら第三者のために設定しまたは第三者に譲渡した権利に関し、責任を免れる特約は無効である（民法572条）。

（ウ）債務不履行責任を免れる特約または責任を制限する特約は有効である（注14）。ただし、消費者取引に関し過失により生じた人身損害について売主を免責する特約または賠償額を著しく低額に制限する特約は、公序良俗に違反して（民法90条）、無効である（注15）。また企業自体の故意・重過失を免責する特約も無効であるが、履行補助者の故意・過失を免責する特約は有効である（注16）。

3.2　コンピュータ取引における責任制限

（ア）コンピュータ取引に関する契約には責任制限条項が置かれるのが通常である（注17）。本稿では、まずわが国における責任制限条項の例として、ソフトウェア産業振興協会の発表した「ソフトウェア・プロダクツの使用許諾に関するモデル契約書案」（以下、モデル契約書案）（注18）中の責任制限条項について検討し、次にアメリカの判例に現れた例を検討する。

（イ）モデル契約書案中の責任制限に関する主な条項は下記の二条である（なお条項中、甲はユーザーを意味し、乙はソフトウェア会社を意味する）。

「第10条　保証

1.　乙は、「ソフトウェア・プロダクツ」が乙所定の仕様どおりであ

り、乙所定の稼働環境で使用された場合には、良好に稼働することを保証する。

2. 乙は、「ソフトウェア・プロダクツ」が乙所定の仕様どおりでない場合または乙所定の稼働環境で良好に稼働しないときは、別紙記載の保証期間、無料で「技術サービス」を提供する。

3. 乙は、「ソフトウェア・プロダクツ」が、甲の選択した機械もしくは装置、またはプログラムの組合せにおいて正しく稼働することおよび甲の特定の使用目的に適合することを保証するものではない。

4. 前各項の定めは、本契約に基づく法律上の瑕疵担保責任を含む乙の保証責任のすべてを規定したものとする。

第12条　乙の責任および責任の制限

1. 「プログラム」の不稼働を含む稼働不良のすべての場合において、乙の責任は誤りの訂正に限られるものとする。ただし、乙が訂正の試みを繰り返し行ったにもかかわらず第10条所定の保証責任を履行できなかった場合には、甲は、その直接の結果として被った通常かつ現実の損害につき__項所定の限度内で乙に対し賠償請求することができる。

2. 前項による場合を除く乙の履行または不履行のすべての場合において、甲は、乙の履行または不履行の直接の結果として被った通常かつ現実の損害につき__項所定の限度内で乙に対し賠償請求することができる。

3. 前二項の規定にかかわらず、かつ債務不履行、法律上の瑕疵担保責任、不当利得、不法行為その他請求原因の如何にかかわらず、乙は次の各号に掲げる甲の損害については賠償責任を負わないものとする。

①検査期間中の損害

②甲の債務不履行または特別事情に基づき発生した損害

③得べかりし利益の喪失または費用節減の期待の不達成

④データ、プログラムその他無体財産に対する損害

⑤次項所定の場合を除き、甲が第三者に対して負担する損害賠償義務

4. 前三項による損害賠償責任の制限は、乙の故意または過失により生じた生命または身体の損害には適用されないものとする。」

（ウ）第一に、モデル契約書案によると、ソフトウェア会社はソフトウェアが仕様書どおりであることを保証するが、ユーザーの特定の目的に適合することを保証しない。この保証内容は、コンピュータ・システムを管理するための基本プログラム、あるいはパッケージ化されたユーザー・プログラムを提供する契約における当事者の通常の意思に合致しており、妥当と思われる。

　第二に、保証違反に対するモデル契約書案の責任規定は次のように要約することができよう。ソフトウェアが仕様書どおりでない場合、ソフトウェア会社は誤りの訂正を行う。誤りが訂正されたときは、その他の責任は免除される。誤りが訂正されなかったときは、一定の範囲・金額内の損害賠償をする。ただし、ソフトウェア会社の過失により生じた人身損害については責任の制限はないが、無体財産に対する損害、得べかりし利益の喪失、契約外第三者に対しユーザーの負担する損害賠償義務、特別事情により生じた損害等については責任を負わない。

　この責任規定は、消費者が生命身体に損害を受けた場合の責任制限条項についての裁判所の考え方（注19）を一歩進めて消費者以外の者の人身損害についても保護を拡張する一方、情報処理のため使用されるコンピュータ・プログラムにバグのある場合の責任の拡がりを管理可能な範囲にとどめようとするものとして、合理性があり、有効と考えられる。

　第三に、モデル契約書案に解釈の余地が生ずる場合として、たとえばプログラムの誤りのため出力データが誤り、そのデータに基づいて取引が行われたため損害が生じたとき（たとえば取戻不能の過払い）の取扱いがある。間接の損害あるいは特別事情による損害として、責任範囲から除外されるのか議論はありうるが、いずれにせよ、金額の制限があるので、損害賠償額の拡大を抑制するための歯止めがあるといえよう。

　（エ）コンピュータ・システムはユーザーが事務処理のために利用するものであるが、ユーザーの事務を最も良く管理できるのはユーザー自身である。システムの利用から得る利益もまたシステムで処理する情報の価値も、ユーザーにより千差万別である。このようにユーザー間で大きな差があり、しかも予測の著しく困難な損失に備え、ハードウェアあ

るいはソフトウェアの提供者が自家保険を営み、そのコストを製品価格に上乗せすることにより全ユーザーに転嫁するよりは、ユーザーが、コンピュータ・システムによる情報処理の自己特有の価値を考慮し、自ら予防・保険措置を講ずることをユーザーに求める方が合理的であると考えられる。コンピュータ取引に関する、上記モデル契約書案のような責任制限規定はアメリカ合衆国においても有効と考えられている。

4. アメリカ法と責任制限条項

4.1 統一商法典の規定

アメリカ合衆国では、契約法は原則として州の管轄に属するが、ルイジアナ州を除く全州が統一商法典（注20）を採用し、取引法の統一を図っている。統一商法典は責任制限条項に関し下記のような規定をおく。

「2－316条（1）明示の保証の創設に関連する言葉・行動と、保証を否定または制限する言葉・行動とは、合理的なかぎり相互に両立しうるように解釈するものとする。ただし、口頭または外部証拠（parol or extrinsic evidence）に関する本編の規定（2－202条）には従うが、そのような解釈が不合理な場合には、否定または制限は無効とする。

（2）第3項に従うが、商品性（merchantability）の全部または一部に関する黙示の保証を排除または変更するには、用語が商品性に言及し、かつ書面の場合には明瞭（conspicuous）に記載されなければならず、適合性（fitness）に関する黙示の保証を排除または変更するには、書面に明瞭に記載されなければならない。

・・・

「2－719条（1）第2項および第3項ならびに損害賠償額の予定と制限に関する前条の規定に従うが、

（a）契約は、本編に規定する救済方法（remedies）に追加または代替するものとして、たとえば買主の救済方法を商品の返還と代金の払戻または契約に適合しない商品もしくは部品の補修と取替に限定するというように、救済方法を定めることができ、本編の下で請求しうる損害賠

償の範囲（measure of damages）を制限または変更することができる。

（b）契約が定めた救済方法は選択的（optional）とする。ただし、そのような救済方法を排他的（exclusive）とすることが明確に合意されたときは、唯一の救済方法となる。

（2）排他的または限定的救済方法が具体的事情の下に救済の本質的目的を達成できないときは、本編の規定にしたがい救済を受けることができる。

（3）結果的損害（consequential damages）は、その制限または排除が不条理（unconscionable）でないかぎり、制限または排除できる。消費者用商品に関しては、人身損害に対する結果的損害の賠償責任制限は不条理と推定されるが（prima facie unconscionable）、損失が商業的な場合の損害賠償責任の制限はかかる推定を受けない。」

4.2　裁判所による統一商法典の解釈

（ア）アメリカの裁判所で有効とされたコンピュータ取引に関する責任制限条項の典型的な例としてバロースの責任条項をあげることができる（注21）。バロースは3ヵ月間の保守を保証（maintenance and repair warranty）するとともに、その他の責任に関しては下記のように制限していた。

「この契約書に記載されていない、いかなる表示またはその他の事実の確言（機器の容量、使用目的への適合性、または性能を含むがこれらに限らない）も、いかなる目的のためであれバロースの保証を構成せずもしくはその保証とみなされず、またいかなる形であれバロースの責任もしくは義務を生ぜしめない。

この契約書に明確に記載されている場合を除き、他のいかなる明示または黙示の保証（商品性もしくは特定目的のための適合性の黙示の保証を含むがこれらに限らない）も提供されない。」（注22）

「いかなる場合にもバロースは約束違反または契約上の義務違反から生ずる利益の喪失その他の経済的損失、間接的、特別の、結果的またはその他類似の損害に対して責任を負わない。

バロースはこの契約上の機器またはサービスの納入、据付または提供

の遅延により生じたいかなる損害に対しても責任を負わない。」（注23）

（イ）上例のような責任制限条項は一般に有効とされている（注24）。条項の効力を争う原告側はしばしば条項が不条理（unconscionable）であるので無効と主張する。不条理とは、わが国の公序良俗違反行為（民法90条）類型中の、相手方の無思慮、窮迫に乗じて不当の利を博する行為（注25）に相当する行為である（注26）。したがって、商取引に関し不条理の主張が認められることは稀である（注27）。コンピュータ取引における責任制限条項が契約過程あるいは契約内容に照らし不条理であるとの主張も、次の二つの判例に見られるように、認められないのが普通である。

（ウ）電子機器製造業者である原告は、売掛金管理、給与計算、受注管理、在庫表削除（inventory deletion）、州所得税計算、現金受取高管理（cash receipt）の六業務の機械化のため、被告（コンピュータ・メーカー）からコンピュータを購入したが、被告はユーザー・プログラムの作成も引き受け、コンピュータ納入後数ヵ月内にシステムが全面的に稼働することを確約した。

ところが納入後数ヵ月内に稼働したのは給与計算のみにすぎず、在庫表削除と受注管理についてはディスク中の一部情報を削除しようとするとディスクの一セクションの全情報が消去されるという問題が生じ、これを解決することができなかった。

納入一年後に売主は受注管理と売掛金管理のデモンストレーションをしたが、いずれについても困難な問題が発生した。

このような状況のため買主は解約とコンピュータの引取を売主に要求したが、売主が要望したので、システム稼働のための努力の継続を許容した。

納入一年八ヵ月後、唯一稼働中の給与計算についても問題が発生した。その翌日、州所得税計算プログラムが据付けられ、翌々日、受注管理プログラム据付のため売主の従業員が買主方工場を訪問したが、買主は作業受入を拒絶し、解約と引取を要求した。この要求を売主が拒絶した後、買主は損害賠償を請求して訴訟を提起した。結果的損害に対する

買主の責任を免除する契約条項を不条理で無効とする買主の主張に対し、裁判所は次のようにいう。

「人身損害に関する責任制限条項は裁判所から好意をもって見られないが、財産的損害に関する責任制限についてはそのようなことはない。本件請求は商業上の損失に関するものであり、両当事者が相当の企業であることも重要である。当裁判所は、両当事者の交渉力や判断力（sophistication）に大きな差を認めない。複雑な電子機器のメーカーである原告が、コンピュータ・システムに関し生じうる問題についてある程度の知識を持っていたことは明らかである。この契約には『不意打』の要素もない。責任制限条項は、短く、容易に理解しうる形で売買契約書に明確に記載されている。本件は、普通の消費者が『言葉の迷路』に隠れた責任制限条項のため欺れた事案ではない……。

　したがって、契約書調印の時点で、コンピュータ・システムの据付に伴う危険の分配につき当事者に合意能力がなかったという事実はない。

　契約後の出来事から考えても、本件で請求された損害の種類は予期しえた損失の範囲のものと考えられる。コンピュータの据付が不完全な場合に通常の事業活動のある程度の支障、労働時間の損失、効率に対する障害をもたらすことは、特に異常または予見不可能なこととは考えられない。なお、被告は適当な期間内に問題を解決できなかったが、被告が問題解決のための努力を継続した事実は、争点の判断に決定的なことではないが言及に値することである。実際、解約の日にも被告は原告の工場でシステムについて積極的に作業中であった。事実、原審は、原告がプログラムの据付に同意して一層の協力をすべきであったと考えている。本件は、売主が不合理または不誠実に行動した事案ではない。」（注28）

　（エ）石油製品販売業者がコンピュータ・メーカーに対し損害賠償請求訴訟を提起し、責任制限条項は不条理であると主張した。すなわち、自分は石油製品販売業者であってコンピュータには通じていなかった。メーカーにコンピュータを注文してから、ファイナンス・リース会社の紹介を受け、リース会社と契約に至るまでの時間が短かった。契約書の

署名前にメーカーと自分とが会合したのは二、三回にすぎない。

　これは手続的不条理性の主張であるが、裁判所は次のように述べて不条理の証明なしとした。

　「原告が主張する事実は不条理の証明に十分ではない。当事者間の会談の数それ自体は、交渉の長さ、性質、公正につき何事をも意味しない。契約書等に署名する間の長さは、原告による取引の検討がその期間に限られていたことを意味するものではない。また原告が石油業界の一員であることが原告の交渉当事者としての経験や鋭敏さを失わせるものではない。原告は法律的助言を得ることができなかったという証明もしていないし、記録によれば原告は自発的にこの取引の当事者になったのである。」（注29）

5．おわりに

　責任制限条項は、しばしば寡占的産業における大企業による附合契約という観点から批判されるが、責任制限条項には商品の性能不良に対する予防措置、事後措置の費用と責任を契約当事者間に合理的に分配する機能があることは否定できないところである（注30）。

　コンピュータ・システムはユーザーの情報処理のために利用されるものであるが、その用途は多種多様であり、システムから得る利益もシステムで処理する情報もユーザーにより大きく異なるという性質をもつ。

　コンピュータ・システムのこのような性質からも、コンピュータ取引における責任制限条項には、一般的に合理性があり、わが国の裁判所でも原則的に有効とされるものと考えられる。

注記・引用文献
注１　朝日新聞1984年11月16日夕刊19頁。朝日新聞1984年11月17日朝刊１頁
注２　朝日新聞1984年11月24日夕刊16頁
注３　日本経済新聞1984年11月18日朝刊２頁
注４　公衆電気通信法109条
注５　日本経済新聞1984年11月22日夕刊15頁

注 6　不完全履行責任と瑕疵担保責任との関係、特に商品受領後にも不完全
　　　履行責任を追及しうるかとの問題につき、最高裁判所は次のようにい
　　　う。「債権者が瑕疵の存在を認識した上でこれを履行として認容し債務者
　　　に対しいわゆる瑕疵担保責任を問うなどの事情が存すれば格別、然らざ
　　　る限り、債権者は受領後もなお、取替ないし追完の方法による完全な給
　　　付の請求をなす権利を有し、従ってまた、その不完全な給付が債務者の
　　　責に帰すべき事由に基づくときは、債務不履行の一場合として、損害賠
　　　償請求権および契約解除権をも有するものと解すべきである。」最高裁判
　　　決昭和36年12月15日民集15巻2852頁
注 7　大審院判決大正15年 5 月22日民集 5 巻386頁
注 8　瑕疵担保責任追及の方法として買主に代金減額請求権があるかという
　　　問題があるが、損害賠償請求権と構成すれば実務的には減額請求の目的
　　　を達することができる。
注 9　信頼利益説、我妻債権各論中一270頁ないし272頁（1973）。これに対
　　　し、通常の債務不履行による損害賠償の範囲と同一に考える説に、星
　　　野、民法概論IV　135頁（1976）
注10　大阪地判例昭和51年 3 月26日金融法務事情788号28頁、東京地判昭和55
　　　年 9 月25日判例時報996号84頁
注11　Consolidated Data Terminals v. Applied Digital Data Systems 512F.
　　　Supp. 581（N.D.Cal.1981）. affirmed in part, reversed in part and
　　　remanded in part, 708F. 2 d 385（9th Cir.1983）明示の保証があるためこ
　　　れと矛盾する保証否認条項は効力がなく、また補修に限る救済方法が目
　　　的を達せずかつ結果的損害が契約文言上除外されていないと裁判所は判
　　　断した。
注12　前掲（注10）、東京地判昭和55年 9 月15日
注13　於保不二雄、債権総論（新版）94、95頁（1972）。来栖三郎、契約法
　　　130頁（1974）
注14　於保、前掲94、95頁。民法420条 1 項参照
注15　大阪地判昭和42年 6 月12日下民18巻641頁、東京地判昭和53年 9 月20日
　　　判例時報911号14頁
注16　大審院判決大正 5 年 1 月29日民録22輯200頁。北川善太郎、情報提供契
　　　約、NLB43号38、39頁（1973）参照。なお、責任制限条項は不法行為責
　　　任も制限する趣旨であることにつき、大審院判決昭和13年 5 月24日民集
　　　17巻1063頁、1074頁
注17　富士通株式会社、株式会社日立製作所、日本電気株式会社、日本ア
　　　イ・ビー・エム株式会社のハードウェア売買契約書とプログラム使用許
　　　諾契約書各四通のうち、前者については二社が、後者については四社
　　　が、内容は異なるが責任制限条項を設けている。なお、コンピュータ取

引における損害賠償責任の制限につき、北川善太郎・高石義一・早川武夫・紋谷暢雄・座談会コンピュータ取引の法律問題、ジュリスト707号187頁、208頁（1980）参照

注18　NBL272号38頁ないし40頁（1980）。なお早川教授による解説が同誌30頁以下にある。

注19　前掲（注15）大阪地判昭和42年６月12日、東京地判昭和53年９月20日

注20　Uniform Commercial Code. 法律として採用するとき各州で若干の手直しがされている。

注21　Earman Oil Co. v. Burroughs Corp., 625F. 2 d 1291（5th Cir. 1980）

注22　No representation or other affirmation of fact not set forth herein, including but not limited to statements regarding capacity, suitability for use, or performance of the equipment shall be or be deemed to be a warranty by Burroughs for any purpose, nor give rise to any liability or obligation of Burroughs whatever.

　　EXCEPT AS SPECIFICALLY PROVIDED IN THIS AGREEMENT, THERE ARE NO OTHER WARRANTIES, EXPRESS OR IMPLIED, INCLUDING BUT NOT LIMTTED TO ANY IMPLIED WARRANTES OF MERCHANTABILITY OR FITNESS FOR A PARTICULAR PURPOSE.

注23　IN NO EVENT SHALL BURROUGHS BE LIABLE FOR LOSS OF PROFITS OR OTHER ECONOMIC LOSS, INDIRECT, SPECIAL, CONSEQUENTIAL, OR OTHER, SIMILAR DAMAGES ARISING OUT OF ANY BREACH OF THE AGREEMENTS OR OBLIGATIONS UNDER THIS AGREEMENT.

　　BURROUGHS SHALL NOT BE LIABLE FOR ANY DAMAGES CAUSED BY DELAY IN DELIVERY, INSTALLATION OR FURNISHING OF THE EQUIPMENT OR SERVICES UNDER THIS AGREEMENT.

注24　Bakal v. Burroughs Corp., 343N.Y. 2 d 541（Sup. Ct. 1972）; Badger Bearing Co. v. Burroughs Corp., 444F. Supp. 919（E.D. Wis. 1977）, affirmed, 588F. 2 d. 838（7th Cir. 1977）, Garden State Food v. Sperry Rand Corp., 512F. Supp. 975（D.N.J. 1981）Applications Inc. v. Hewlett Packard Co, 501F. Supp. 129（S.D.N.Y. 1980）, affirmed, 672F. 2 d 1076（2d Cir. 1982）; Jaskey Finance And Leasing v. Display Data Corp., 564F. Supp. 160（E. D. Pa. 1983）. なお、契約違反を不法行為（negligence）と構成しても、少なくとも経済的損失に関する限り、責任制限条項が適用されることにつき、S. M. Wilson & Co. v. Smith International, Inc., 587F. 2 d 1363（9th Cir. 1978）（ボーリング機械に関する事案）

注25　我妻栄、新訂民法総則274ないし276頁（1965）

注26　U.C.C § 2 −302; Williams v. Walker-Thomas Furniture Co., 350F. 2 d 445（D.C. Cir. 1965）、家庭用品の割賦売買契約の規定で、支払は既存の購入分にも案分比例で充当され、かつ購入商品は既存の債務の担保にもなるという条項が、生活保護を受けている婦人の無思慮に乗じて売主が不当の利を博するものとされた。

注27　Summers & White, Uniform Commercial Code§§ 4 − 2 and 4 − 9（2nd ed. 1980）

注28　Chatlos Systems, Inc., v. National Cash Register Corp., 635F. 2 d 1081（3rd Cir. 1980）. appeal after remand, 670F. 2 d 1304（3rd Cir. 1982）. cert. dismissed, 102S. Ct. 2918

注29　Earman Oil Co. v. Burroughs Corp., 625F. 2 d at 1299 − 1300（5th Cir. 1980）

注30　G.L. Priest, A Theory of the Consumer Product Warranty, 90 Yale L. J. 1297（1981）

　1985年 6 月発行の「法とコンピュータ」第 3 号（108 − 117頁）初出。本書に転載するにあたり、「摘要」と「キーワード」を削除したほか、誤字・脱字を訂正した。

あとがき

　社内弁護士の仕事は、IBMや海外子会社との交流で教えられることが多かった。海外の弁護士との日常的な法律意見の交換や弁護士会議のほか、1979年9月から1980年2月までのA/FE法務部への赴任は、社内弁護士とビジネス・パーソンとの関係、メキシコ、カリブ海諸国、コスタリカ、グァテマラ、チリ、アルゼンチン、フィリピン、オーストラリアなどA/FEが所管するアジア太平洋地域の様々な事業計画の法律的検討の場に臨むことができたし、1977年12月制定のFCPAに関する2日間にわたる社外セミナー（1980年2月8、9の両日、マンハッタン）にも出席の機会が与えられ、学ぶことができた。また思いがけず、前月8日にはIBMと警察との円滑な関係を知る機会があった。当日午後4時頃、A/FEにいた私に、「長男（9歳）がスクールバスで帰らなかった」と心配する電話が妻からあった。上司のデーヴィス弁護士に相談すると「警察に捜索を依頼するので、あなたは帰宅しなさい」と言って、すぐ警察に電話、パトカーが出動することになった。ひとまず帰宅しようと自宅に近い坂道（Deer Track Lane）を車で上っていくと、前方を歩く長男に出会った。英語のプライベート・レッスンが家庭教師の都合でキャンセルになったことを失念して、学校（Irvington Elementary School）が終わったあと、バスに乗らず、近くの教師宅に行き、裏庭でしばらく待ったのち、3キロメートル近くの道を歩いて帰宅した、ということだった。幸い事なきを得たが、児童誘拐事件に対する米国社会の敏感さと、IBMと警察とのコミュニケーションのよさに強い印象を受けた。

　また日本の近現代史の不勉強を痛感することもあった。1982年5月3日から6日にかけ、アジア・太平洋地域の弁護士会議がマニラで開催されたときのこと、3日半の日程は、半日のマニラ観光のほかは、毎日、会議の連続であったが、ある晩、夕食会のあとの余興に参加者が歌を披露することになった。音痴の私は困って、「アリランを二人で歌おう」と韓国IBMの法務部長（W. H. Kim）に提案したが、断られた。なお誘うと、キムさんは、「辛島さん、アリランは日本の植民地支配に対する抵抗歌だったことを知りませんか」と尋ねた。私は、「知らなかった。しかし差し支えなければ、一緒に歌ってくれませんか」と頼み、一緒に歌ってもらった。キムさんは複雑な思いであったろうと反省している。また1990年代後半、日本IBMのカフェテリアで香港の弁護士と昼食中に、私が日中戦

争期の南京大虐殺事件に言及したとき、中国人にとっては、「水に流す」性質の過去の出来事ではないことを彼女の反応から痛感した。

　入社後私は会社と自分の昇給につき交渉したことはなかったが、ゼネラル・カウンセルに就任後、同僚の弁護士や後継のゼネラル・カウンセルのために、検事の給与を調査したり、ゼネラル・カウンセルの処遇について大手法律事務所の意見を求めたことがある（注1）。私の給与が高くないことが知られたのか、何故IBMで働き続けたのかと、定年退職後に尋ねる弁護士もいたが、たえず変化し続ける世界に対応しようと努める企業と立法、行政、司法（法的環境）との関係や企業活動の社会に及ぼす影響に興味を失ういとまがなかったのである。

　IBMは、危機に面した1993年から10年後には、人件費の安い国で人材採用を進め、インドでは2004年から２年間で、社員を9000人から43000人に増やし、また汎用品となったディスク・ドライブ、プリンター、PCなどの事業を売却して、利益率の高いテクノロジー・サービス、コンサルティング・サービス、ソフトウェアの事業を強化する（注2）。2010年代にはバージニア・ロメッティが最高経営責任者に就任、今はインド工科大学カンプル校出身のCEOが量子コンピュータ時代のIBMをリードしている。活発な国際競争に直面する日本IBMの健闘を祈りつつ、本書を終える。

＊　　　＊　　　＊

　本書の初稿は、那須弘平弁護士（あさひ法律事務所）に依頼して全体的な講評をいただいた。また荒井正児弁護士と竹内星七弁護士（森・濱田松本法律事務所）には、第４章、第６章、第７章の法令、判例、参照文献の引用等を精査のうえ、綿密な校訂をしていただいた。ご多忙のところご協力下さった三先生にここに謝意を表させていただく。

　本書は、妻由美子がワープロ作業を引き受けてくれなかったら、執筆できなかった。妻には1969年６月の結婚当初から、土日祝日に清瀬の居宅でチェース・マンハッタン銀行の人員整理事件の打ち合わせ会議をもつことに協力してもらった。労働事件の準備、とりわけ当事者本人や証人の多い整理解雇事件の準備には時間がかかる。関東地区MBF勤務の行員は、多くが立川、八王子、府中、練馬に住んでいた。神田司町の石川泰三法律事務所ではなく、清瀬での会議は、銀行の管理職者にとっても、私にとっても便利で、十分な打ち合わせができた。また社内弁護士時代には、清瀬や1983年に転居したグラント・ハイツ跡地の集合住宅

に米国弁護士夫妻を招き、手作りの料理でもてなしたり、米国、オーストラリア、インドなどの弁護士夫妻を私とともに日光、奥日光や秩父方面に案内してくれた。70歳になって虎の門に開設した個人事務所をCOVID-19流行の前年まで運営できたのも妻のお蔭である。

注1　社内弁護士の報酬（給与）はいかにあるべきか。職責に見合う給与であるべきというのが一応の回答になるが、開業弁護士との比較資料の入手は困難なので、組織内で働く法律家の典型として検事と比較すると、検事の年俸は（1996年当時）、勤続20年で1820万円、25年で2140万円、30年で2600万円であった。私の勤続年数を仮に弁護士登録時（1965年）から起算すると、勤続20年の1985年は15,817,213円、勤続25年の1990年は19,181,095円、勤続30年の1995年は23,155,131円であったので、検事よりも15パーセント前後低いことになる。もっとも取締役就任後にストック・オプションを与えられたので、1999年のストック・オプション行使による代り金収入19,218,435円（所得税法上の給与）、2000年の代り金収入6,524,916円も考慮する必要がある。また、後任のゼネラル・カウンセルの年俸の参考にするため1998年に複数の大手法律事務所の意見を聞いたことがあるが、3000万円程度という意見が公約数であった。このような情報は、人事部門とも共有したが、社内他部門の管理職の給与・処遇に関する情報を人事部門から入手して比較検討しなかったことを反省している（営業部門が法務部門よりも明らかに良い処遇を受けていることで、弁護士を軽く見ていたという、営業課長のコメントにつき、第4章6（4）最後のパラグラフ参照）。なお弁護士会の会費や弁護士会館建設分担金、法律・判例情報へのアクセス費用などの必要経費は、会社が負担、弁護士会での親睦ゴルフなどの交際費は個人負担であった。

注2　メイニーら（前掲第4章注18）209－212頁

著者略歴

辛島　睦（からしま あつし）

1957年3月	千葉県立木更津第一高等学校（現・木更津高等学校）卒業
1961年3月	東京大学法学部卒業
1965年4月	弁護士登録
1965年4月－1971年11月	石川泰三法律事務所
1971年12月－1973年8月	ベーカー・アンド・マッケンジー（ニューヨーク）
1973年8月－1974年5月	コロンビア・ロースクール（L.L.M）
1974年5月－1999年3月	日本IBM（法務部、のち法務・知的所有権） 1993年4月　同社ゼネラル・カウンセル 1994年4月－1999年3月　同社取締役──法務・知的所有権 （2000年3月末まで同社顧問）
1999年6月－2009年3月	濱田・松本法律事務所（2002年12月合併後は、森・濱田松本法律事務所）
2009年4月－現在	辛島法律事務所

企業内弁護士の覚書

2023年12月8日　初版発行

著　　者	辛島　睦	
発行・発売	株式会社 三省堂書店／創英社	
	〒101-0051　東京都千代田区神田神保町1-1	
	TEL：03-3291-2295　FAX：03-3292-7687	
印刷・製本	大盛印刷株式会社	